# Katja Wolff:
# Der kabbalistische Spiegel

198 Blicke hinter die Masken



Knaur®

# Esoterik

Herausgegeben von Gerhard Riemann

Stellen Sie sich vor, Sie können aus dem Namen und dem Geburtsdatum – für sich selbst und für Ihre Freunde – Rückschlüsse ziehen auf Charakter und Lebensweg! So einfach geht das nicht, werden Sie sagen. Die Autorin ist hier anderer Meinung. Deshalb hat sie ein Buch geschrieben, in dem Sie 198 »Blicke hinter die Masken«, 198 Charakter = Schicksal-Gleichungen skizziert. Das Verfahren nach dem Sie Ihre »Schicksalsgleichung« finden, ist kurz und prägnant beschrieben und daher einfach nachvollziehbar.
Überschriften wie »Der Schmetterling«, »Frau Krösus«, »Der Übervater«, »Hans im Glück«, »Das Stehaufmännchen«, »Der Cartesianer« etc. könnten Sie zum Schmökern veranlassen, um sich und andere in ebenso humorigen wie scharfsinnigen Charakterisierungen zu erkennen.
Sollte Sie dieses Buch neugierig machen, so können Sie Ihr Verständnis für kabbalistische Lebenshilfe durch ein im Dezember 1989 erscheinendes Buch von Katja Wolff vertiefen. Dieses Buch behandelt den philosophischen Hintergrund, vor allem aber die praktische Relevanz der Kabbalah. Es heißt: »Der kabbalistische Baum« (Knaur TB 4223).

Katja Wolff, geboren 1961, studierte Philosophie, Mediävistik und Linguistik in Hamburg. Sie beschäftigt sich mit den divinatorischen Aspekten der Kabbala: dem Tarot und der Numerologie.

Originalausgabe 1989

Umschlaggestaltung Dieter Bonhorst
Satz IBV Satz- und Datentechnik GmbH, Berlin
Druck und Bindung Ebner Ulm
Printed in Germany 5 4 3 2 1
ISBN 3-426-04217-7

# Inhaltsverzeichnis

# Die Kabbala

## *Der Lebensbaum*

Die hebräische Kabbala ist die wichtigste und »leistungsfähigste« esoterische Tradition des Westens. Keltischer, griechisch-römischer und germanischer Pantheon, Astrologie, Alchemie sowie alle Mythologien und religiösen Kulte des Westens lassen sich mühelos in das kabbalistische System eingliedern.

Die Wurzeln der Kabbala reichen in ihren tiefsten und feinsten Verästelungen noch über die großen Zivilisationen des Mittelmeerraumes hinaus weit in die prähistorische Vergangenheit zurück. Die Kenntnisse über den historischen Ursprung der Kabbala enden dort, wo auch der Historiker die Bereiche gesicherter Fakten verlassen muß, um sich auf das weite Feld des Spekulativen vorzuwagen.

Gut sichtbar allerdings sind noch jene Wurzeln der Kabbala, die in Tyros, Babylon und in den Tempeln des alten Ägypten beginnen. Die ägyptische Religion selbst konnte auf einen reichen Schatz an Traditionen zurückgreifen und bildete, wenn man so will, eine Art »aktualisierte und ergänzte Zusammenfassung« der gängigen Überlieferungen aus den vorangegangenen Epochen.

Es ist sowohl historisch als auch symbolisch bedeutsam, daß Moses, Stammvater der großen monotheistischen westlichen Religionen, in den Tempeln Ägyptens seine Erziehung und Ausbildung erhielt.

QBL (= Quabbalah = Kabbala) bedeutet wörtlich übersetzt: »von Mund zu Ohr«.
Das Wort »Kabbala« bezeichnet auf der ersten Bedeutungsebene also zunächst nur eine traditionelle Art der Weitergabe von Geheimwissen: vom Mund des Lehrers direkt zum Ohr des Schülers – ohne Mithörer und ohne schriftliche Aufzeichnungen, die in falsche Hände hätten geraten und mißbraucht werden können.
Als die katholische Kirche den Gipfelpunkt ihrer Macht erreicht hatte, tat derjenige, der mehr wußte als das, was die Kirche lehrte, gut daran zu schweigen und sein Wissen nur an wenige ernsthafte, vertrauenswürdige Schüler weiterzugeben. Wer nicht schwieg oder denunziert wurde, fand sich nur allzu rasch in den Folterkellern der Inquisition und kurz darauf auf einem Scheiterhaufen wieder, den die eifrigen Diener der Kirche freundlicherweise zur Reinigung seiner Seele vorbereitet hatten. Bücher, Menschen, Manuskripte – alles brannte gleichermaßen gut, ohne Unterschied, zum Beweis der Gültigkeit kirchlicher Dogmen.
Das Feuer hatte etwas höchst Überzeugendes.

»Credo quia absurdum« – solche unterwürfigen Glaubensbekenntnisse fanden den Beifall der Kirchenfürsten. »Ich glaube, *gerade weil* es unglaublich ist« – solche naive Gut-Gläubigkeit, die unweigerlich zu einer Spaltung des menschlichen Verstandes in Intuition und Intellekt führt, gibt es in der Kabbala nicht.
In der Kabbala sind Glaube und Wissen eins. Ziel der Kabbala ist nicht in erster Linie Glaube, sondern Wissen, Gnosis, Erkenntnis Gottes durch Selbsterkenntnis des einzelnen Menschen.
Der Kabbalist ist ein wissender Mensch, der unter ande-

rem begriffen hat, daß Christentum, Islam, Judentum, heidnische Religionen, Buddhismus, Hinduismus – kurz: daß alle religiösen Lehren und Systeme zu exakt demselben Ziel führen.

Die geistigen Wurzeln unserer modernen westlichen Zivilisation verzweigen sich gleich unter der »Erdoberfläche«. Die erste »unterirdische Wurzel«, die christliche, endet in Israel, dem Geburtsland Christi, zieht ihre eigentliche Kraft aber aus Rom, dem antiken Machtzentrum, das binnen weniger Generationen vom militärischen zum kirchlichen Machtzentrum umfunktioniert wurde. (Ein altes Haus erhielt einen neuen Anstrich; fraglich, ob sich dadurch die Mentalität seiner Bewohner veränderte. Ein schlechtgekleideter Mann wie der Magier der Liebe, auf den sie sich beriefen, hätte zu diesem noblen Haus keinen Zutritt erhalten!)
Die zweite Wurzel reicht zurück ins antike Griechenland. Es ist die Wurzel der aristotelischen Logik, die Wurzel des wissenschaftlichen Denkens westlicher Prägung.
Glaube und Wissenschaft haben in unserer Kultur also zwei verschiedene Wurzeln. In der Kabbala haben sie nur eine.

Wer sich gründlich mit dem Baum des Lebens befaßt, könnte bald zu der halb spaßhaften, halb ernsten Einsicht gelangen: dies ist der zweite »verbotene Baum« aus dem Paradies – exakt der Baum, von dem Eva auch noch genascht hätte, wenn sie nicht vorher mitsamt Ehegatten fristlos gekündigt und auf die erst noch zu erbauende Straße gesetzt worden wäre.
Der Genuß der Früchte vom Baum der Erkenntnis führte zum moralischen Bewußtsein, zur »Erkenntnis von Gut

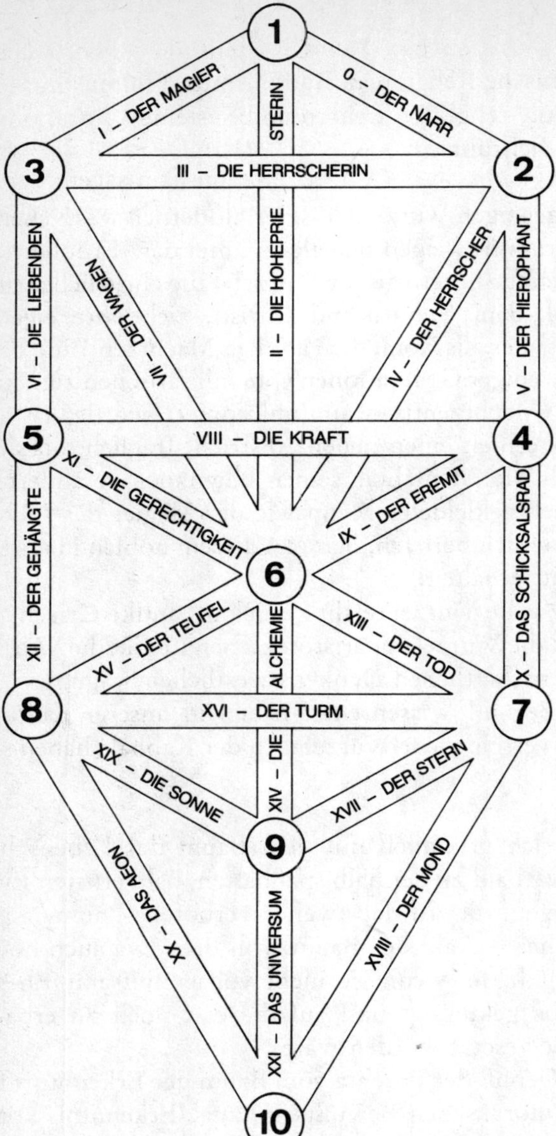

1
I – DER MAGIER
STERIN
0 – DER NARR
3
III – DIE HERRSCHERIN
2
VI – DIE LIEBENDEN
VII – DER WAGEN
II – DIE HOHEPRIE
IV – DER HERRSCHER
V – DER HIEROPHANT
5
VIII – DIE KRAFT
4
XI – DIE GERECHTIGKEIT
IX – DER EREMIT
XII – DER GEHÄNGTE
6
X – DAS SCHICKSALSRAD
XV – DER TEUFEL
ALCHEMIE
XIII – DER TOD
8
XVI – DER TURM
7
XIX – DIE SONNE
XIV – DIE
XVII – DER STERN
9
XX – DAS AEON
XXI – DAS UNIVERSUM
XVIII – DER MOND
10

und Böse« – und gleich darauf zur Vertreibung aus dem Paradies.
Wenn man »Paradies« als eine *Bewußtseinsebene*, als eine spirituell-intellektuelle Grundbefindlichkeit des menschlichen Geistes versteht, dann kann man sagen: der Baum des Lebens führt wieder mitten hinein ins verlorene Paradies, zurück zur für immer verloren geglaubten »unschuldigen« Einheit des Menschen mit Gott *innerhalb* der Schöpfung.

Der Lebensbaum ist das zentrale Symbol der Kabbala. Er umfaßt die Grundzahlen von Eins bis Zehn sowie die 22 Buchstaben des hebräischen Alphabets in einer übersichtlichen Glyphe, in einem simplen graphischen Symbol. Der Baum des Lebens ist das »Mandala der Kabbala«; er erschließt sich dem Lernenden in der Meditation. Wer sich in das Symbol versenkt, über die Glyphe meditiert, wer nachdenkt über den Sinn der Anordnung von Zahlen und Buchstaben auf dem Baum, dem erschließen sich die Überlieferungen der Jahrtausende.
»Suchet, so werdet ihr finden« ist kein leeres Versprechen, sondern eine bindende Garantieerklärung.

Es heißt, der Baum des Lebens sei wie eine Geliebte. Zunächst will sie umworben werden. Durch unermüdliche Geduld und Zähigkeit muß man ihr beweisen, daß man ernste Absichten hat. Den guten Willen belohnt sie vielleicht mit einem Lächeln, die ehrlichen Absichten mit einem Kuß, das jahrelange Werben belohnt sie, indem sie sich ganz gibt. Wer nicht ernsthaft um sie wirbt, wer nicht – wie Joseph um seine Rahel – bereit ist, notfalls auch zweimal sieben Jahre »um sie zu dienen«, dem wird sie nie gehören. Es liegt auf der Hand, weshalb im Alten Testament

Geschlechtsverkehr immer »Erkennen« genannt wird – das Erkennen im Sinne der Kabbala ist immer ein Einswerden mit dem Erkannten. Das Lernen wird zu einer Leidenschaft, die aufregender ist als die abenteuerlichste Liebesaffäre.

## *Die Sephiroth*

Unser Leben wird von Zahlen bestimmt – von der Personalausweis-, Konto- und Telefonnummer bis zum Preisschildchen im Supermarkt, vom Fahrplan bis zur Safe-Kombination.
Aber – was ist das: eine Zahl?
Jeder weiß, was *drei Äpfel* sind. Aber was ist das: eine abstrakte Drei? Eine *Drei ohne die Äpfel*, eine Zahl ohne das Gezählte? Eine Zahl ohne das Gezählte ist beinahe wie eine Seele ohne Körper, wie ein Inhalt ohne Form. Sie ist so abstrakt, daß sie die Grenzen unserer Vorstellungskraft sprengt. Sie ist jenseits unserer räumlich-zeitlichen Denkgewohnheiten. Und doch käme niemand auf die Idee zu behaupten: Es gibt keine Zahlen.
Vermutlich sind weder Mathematiker noch Philosophen in der Lage, schlüssig zu erklären, was eine »Zahl an sich« ist. Niemand weiß, was Zahlen sind, und doch bestimmen sie das ganze Universum. Sie sind die »heimlichen Herren«, deren Einflußbereich vom Tanz der Elektronen um den Atomkern bis zur großen Wanderschaft der Planeten um die Zentralgestirne reicht. Alles, was ist, gehorcht der Zahl: Raum, Zeit, Materie und Leben.

Das hebräische Wort für »Zahl« lautet: Sephira, in der Mehrzahl: Sephiroth. Der Kabbalist begreift die Zahlen als direkte Emanationen Gottes. Die Eins ist die erste Emanation; aus ihr entsteht die Zwei, daraus die Drei; ein Vorgang, der so abstrakt ist, daß wir, um ihn zu begreifen, auf bildhafte Vergleiche zurückgreifen müssen. Wenn man ein Steinchen in einen See wirft, entstehen auf der Wasseroberfläche konzentrische Kreise. Etwa so darf man sich die Aufeinanderfolge der Emanationen vorstellen. Die erste Emanation, die Eins, entspricht dem Steinchen, das die Wasseroberfläche trifft. Um diese Stelle herum bildet sich ein Kreis auf der Wasseroberfläche, vergleichbar mit der zweiten Emanation. Natürlich hinkt jeder Vergleich; aber da unser Verstand nicht die abstrakten Ebenen erreichen kann, auf denen sich die Emanationen vollziehen, sind wir auf bildhafte Vergleiche, auf Bilder angewiesen.

Die Aufeinanderfolge der Zahlen kann man eine »abstrakte Evolution« nennen. Da nach Überzeugung der Kabbalisten das gesamte Universum denselben Gesetzen gehorcht, vollzieht sich diese Evolution, diese Entwicklung auf allen Ebenen: als Entstehung der Materie, als biologische Evolution von der Urzelle zum Menschen, als kulturelle Evolution der Menschheit und nicht zuletzt auch als individuelle Evolution, als persönliche Weiterentwicklung des einzelnen Menschen.

## *Die Pfade*

Die zehn Sephiroth werden auf dem Lebensbaum durch 22 Pfade miteinander verbunden. Auf diese Weise entsteht eine Art »Stadtplan der Seele« mit komfortabel ausgebauter Infrastruktur. Generationen von Gelehrten und Philo-

sophen haben sich für uns Spätergeborene als »Straßenbau-Arbeiter« bestätigt. Wer auf den Pfaden zu wandern versteht und sich dabei weder staubige Füße holt noch sich in Schlaglöchern die Knöchel bricht, der wird den »Straßenbau-Arbeitern« dankbar sein.
Jedem der 22 Pfade ist ein Buchstabe des hebräischen Alphabets zugeordnet.

Man könnte halb scherzhaft, halb im Ernst, allemal aber mit gutem Grund sagen: die *Heilige Schrift* ist nicht in erster Linie die Bibel, sondern das hebräische Alphabet, die *hebräische Schrift*. Denn dieses System aus 22 Buchstaben ist Träger einer umfassenden Philosophie, die aufgrund ihres hohen Abstraktionsgrades geradezu nach bildhaften Vergleichen oder symbolhaften Illustrationen verlangt. Das Alte Testament kann und sollte als Gleichnis-Sammlung dieser abstrakten Philosophie verstanden werden.
Im Neuen Testament wird dasselbe Prinzip wirksam. Jesus sprach in Bildern, in Gleichnissen. Nicht nur die Verfasser des Alten Testaments mußten sich dieses »Tricks« bedienen! Vielleicht ist es hilfreich, sich daran zu erinnern, auf welche Weise wir die großen Fragen kleiner Kinder zu beantworten pflegen, nämlich meist beginnend mit den Worten: »Guck mal, du kennst doch ... und genauso ist es mit...«
Nicht von ungefähr wird berichtet, daß Moses dieses heilige Alphabet direkt von Gott empfangen hat. (Möglicherweise handelt es sich bei dieser Überlieferung ausnahmsweise nicht um ein Gleichnis ...)

Jeder hebräische Buchstabe ist zugleich auch eine Zahl. Der moderne Gehirnphysiologe könnte aus dieser Tatsache rückschließen: wer mit diesem Zahlen-Alphabet aufwächst, lebt und arbeitet, bei dem kann es nicht zu einer strikten Trennung zwischen Aufgaben der linken und rechten Hirnhälfte kommen: Intellekt und Intuition, Verstand und Gefühl bleiben *eine* einzige ungeteilte Geisteskraft.

Jedes hebräische Wort kann gleichzeitig als Zahl *und* Vokabel gelesen werden. Worte sind also doppelte Bedeutungsträger, Träger einer Doppelbedeutung. Wort und Zahl erklären einander. Rechnen und Reden, Grammatik und Mathematik – zwei Seiten derselben Medaille.

An unseren Schulen werden »hirnhälften-spezifische Begabungen« gefördert: die Kinder werden zu eher sprachlich-musischen oder zu eher mathematisch-naturwissenschaftlich orientierten Menschen gemacht. Das heißt: einer Hirnhälfte wird zum Sieg über die andere verholfen. Was würde man sagen, wenn es Schulen gäbe, an denen die Kinder jahrelang systematisch dazu erzogen werden, entweder nur das rechte Bein oder nur das linke Bein zu benutzen? Niemand würde sein Kind auf eine Schule schikken, damit es als Abiturient humpelt!

Nichts ist dem Kabbalisten widerwärtiger als die Vorstellung einer solchen gewaltsamen Aufspaltung des menschlichen Geistes. Dualismus ist immer destruktiv; die Entweder-oder-Struktur führt zwangsläufig zur Verteufelung des unterlegenen Prinzips und zu intellektueller und emotionaler Verarmung. Daß der Mensch von mittelalterlichen Kirchen-Dogmatikern sorgfältig in Körper und Seele zergliedert wurde, hat zu einer Körperfeindlichkeit geführt, die wir bis heute noch nicht vollkommen überwunden haben.

Unser im Westen gebräuchliches Alphabet ist, von einigen Abweichungen abgesehen, das alte römische. Unsere Zah-

len dagegen stammen von den Arabern, die sie wiederum von den alten Indern übernommen haben. Bei uns also kommen Zahl und Buchstabe aus vollkommen unterschiedlichen Kulturkreisen – sie sind einander fremd, sie haben keine gemeinsamen Wurzeln. Da sie nicht derselben Tradition entstammen, haben sie einander auch nichts zu sagen. Es herrscht feindseliges Schweigen zwischen ihnen.
(Lange bevor wir in die Hochhäuser der Trabantensiedlungen zogen und einander fremd wurden, vollzog sich dasselbe Prinzip also schon in unseren Hirnen!)

Zu jeder Kombination Pfad-Buchstabe gehört auf dem Lebensbaum auch ein zugeordneter Tarot-Trumpf.
Manche halten Tarot für ein amüsantes Wahrsage-Spiel, das Fragen wie: »Werde ich einen reichen Mann heiraten?«, »Wann werde ich endlich befördert?« und »Bleiben meine Kinder gesund?« beantwortet. Andere halten Tarot für das »Buch des Lebens«, in dessen 78 Seiten, die in immer neue Reihenfolgen gebracht werden können, alles über Gott, den Menschen, die Natur und das Universum nachgelesen werden kann; quasi wie in einem »Bilderbuch für Philosophen«.
Beide haben recht.
Die Entstehung des Tarot verliert sich im Dunkel der Geschichte; manche meinen: im Dunkel der altägyptischen Tempel, deren Wände mit kunstvollen Darstellungen der Mysterien verziert waren, die wiederum, verkleinert auf handliches Taschenformat, die Vor-Bilder der Karten waren. Andere sagen: die Karten stammen aus dem »finsteren« Mittelalter.
Fest steht nur, daß nichts Genaues über die historische Herkunft des Tarot bekannt ist. (Wer allerdings Tarot als

»Bilderbuch der Philosophen« zu lesen lernt, für den gibt es hinsichtlich der Herkunft der Bilder keine unbeantworteten Fragen mehr. Tarot kommt aus dem Bereich, aus dem auch die »archetypischen Bilder«, wie C. G. Jung sie nannte, aufsteigen.)

»Die Seele denkt in Bildern« – und zwar jenseits des Verstandes. Wo die Möglichkeiten des menschlichen Verstandes enden, wo hohe Abstraktionen das Fassungsvermögen des menschlichen Denkens sprengen, da beginnt eine andere Sprache, ein anderes Denken: da denkt die Seele in Bildern.

Tarot ist ein »Bilderbuch der menschlichen Seele«. Jeder Trumpf symbolisiert eine Stufe des menschlichen Bewußtseins, jede Hofkarte ein Naturgesetz, jedes kleine Arkanum ein Stadium der Manifestation der Emanationen.

Die Bilder der Tarot-Trümpfe sind wie Samenkörner. Sie fallen ins Unterbewußte des Schülers, keimen unbemerkt, sprießen und tragen schließlich reiche Früchte in Form von Inspirationen, plötzlichen Erkenntnissen und dem Erklimmen höherer Bewußtseinsstufen.

Die Lehren der Kabbala gehen weit über das hinaus, was der menschliche Verstand zu begreifen in der Lage ist. Die Bilder des Tarot helfen dem Schüler, die Sprache der Seele zu erlernen – es ist die Sprache der Visionen.

# Praktischer Teil

Es steht geschrieben: »Ehe ihr nicht werdet wie die Kinder...«.
Kinder sind kleine Philosophen, denn sie stellen unablässig Fragen und verschaffen sich unbefangen spielerischen Zugang zur Welt. Das Spiel ist für sie Lernen, und das Lernen ist für sie Spiel. Das Leben ist für sie ein gigantisches Spiel. Lernen und Leben ist für sie dasselbe. Vermutlich sind sie uns geistig überlegen ...

Laßt uns mit der Kabbala spielen, unbefangen wie Kinder; nur so können wir lernen. Ich schlage folgendes Spiel vor:
Als Kinder haben wir Mamas und Papas Kleider angezogen. Natürlich waren sie uns zu groß. Trotzdem haben wir beim Verkleiden, wenn wir uns vor dem Spiegel bestaunten, viel über uns gelernt.
Wir wollen uns jetzt wieder verkleiden. Wir ziehen uns eine Zahl und einen Trumpf an; wir suchen unser ganz individuelles Bild.

Und das geht so: wir rechnen aus, wer wir sind.
Stell Dir vor: der Tarot-Trumpf ist die Bewußtseinsstufe Deiner derzeitigen Inkarnation, die Zahl ist Deine Grundmentalität.
Hol Zettel und Bleistift, dann geht's los.

Um die individuelle Kombination von Grund-Charaktertyp und individueller Bewußtseins-Ebene zu ermitteln, müssen zwei kleine Rechenaufgaben gelöst werden. Zunächst wird die individuelle Zahl ermittelt, danach der individuelle Trumpf. Die Kombination beider ergibt ein »Kleid« bzw. eine »Verkleidung«, das unsere Persönlichkeit trägt, ohne es bisher vielleicht gewußt zu haben. (Das Wort »Persona« bedeutet Maske! Wir alle sind verkleidet und maskiert; wir können daran nichts ändern, aber wir können uns unserer Masken, unserer Verkleidungen *bewußt* werden. Und genau das wollen wir in diesem Spiel jetzt tun.)
Im dritten Abschnitt des Buches finden sich 198 »Spiegel«, in denen wir unsere »Kleider« bestaunen können. Vielleicht sind sie dem einen zu groß, dem anderen zu klein, dem einen zu bunt, dem anderen zu bieder – doch auch der Blick in einen Zerrspiegel liefert uns brauchbare Informationen über uns selbst!
Es ist nur ein Spiel, genau so, wie das ganze Leben nur ein Spiel ist. Los geht's!

## *1. Die individuelle Zahl*

Die kabbalistische Numerologie kennt zwei unterschiedliche, aber vollkommen gleichwertige Systeme: nämlich das traditionelle hebräisch-kabbalistische sowie das, historisch etwas jüngere, römische System. Zugunsten des einen ließen sich ebenso viele stichhaltige Argumente vorbringen wie zugunsten des anderen.
Sektiererische Richtungsstreitigkeiten hat es jedoch aufgrund dieser beiden verschiedenen Systeme zwischen den

Numerologen noch nicht gegeben. Jedem Numerologen bleibt es individuell selbst überlassen, sich ein eigenes Urteil zu bilden und nach eingehender Prüfung zu entscheiden, mit welchem System er arbeiten möchte.
Was den Numerologen recht ist, soll auch Ihnen billig sein. Numerologen, die sich intensiver mit den Unterschieden und Gemeinsamkeiten beider Systeme vertraut gemacht haben, neigen generell zu folgender Ansicht: stark esoterisch-philosophisch orientierte Menschen mit entwickelter Intuition fühlen sich eher zu dem hebräisch-kabbalistischen System hingezogen, während praxisorientierte, eher intellektuell ausgerichtete Menschen im Regelfall das römische System bevorzugen.
Damit auch Sie sich ein eigenes Urteil bilden können, sollen hier beide System vorgestellt werden.
Das hebräisch-kabbalistische System arbeitet mit folgender Zuordnungs-Tabelle:

| | | | | | |
|---|---|---|---|---|---|
| A = 1 | B = 2 | C = 3 | D = 4 | E = 5 | F = 80 |
| G = 3 | H = 5 | I = 10 | J = 10 | K = 20 | L = 30 |
| M = 40 | N = 50 | O = 70 | P = 80 | Q = 100 | R = 200 |
| S = 300 | T = 400 | U = 6 | V = 6 | W = 6 | X = 60 |
| Y = 10 | Z = 7 | | | | |

Um mit diesem System zu arbeiten, gehen Sie folgendermaßen vor: Sie schreiben zunächst Ihren vollständigen Namen auf einen Zettel. (Falls Sie neugierig sind, können Sie später dieselbe Prozedur auch mit dem Namen Ihrer Freundin, Ihres Chefs, Ihres Lieblingsdichters, eines Politikers, eines Pop-Stars oder Ihrer großen Liebe machen.)

Unter jeden Buchstaben Ihres Namens schreiben Sie den entsprechenden Zahlenwert, der in der Tabelle angegeben ist. – In diesem Fall: in der hebräisch-kabbalistischen Tabelle. Die Zahlen werden addiert und zur Quersumme reduziert. Wer mehr als zwei Vornamen hat, läßt ab einschließlich dem Vornamen Nummer drei alle weiteren weg. Wer einen Spitz- oder Kosenamen hat, mit dem er sich stark identifiziert und mit dem er von den meisten seiner Freunde angesprochen wird, kann diesen als Vornamen zugrunde legen (z. B. »Tina« statt »Christina«, »Hannes« statt »Johannes«, »Fritz« statt »Friedrich-Wilhelm« usw.). Die Umlaute werden »zerlegt«: aus »ä« wird »a« und »e«; ebenso ergeht es »ö« und »ü«.

Beispiel: Karl-Heinz Otto Meier, ein schöner und seltener Name. Der dritte Vorname, Otto, bleibt unberücksichtigt. Da nur seine Frau ihn »Butzi« nennt und niemand sonst es wagen würde, Herrn Meier »Butzi« zu nennen, kann dieser Kosename der Berechnung nicht zugrunde gelegt werden.
Unsere Rechnung sieht also folgendermaßen aus:

1. Karl 20 (K) + 1 (a) + 200 (r) + 30 (l) = 251
2. Heinz 5 (H) + 5 (e) + 10 (i) + 50 (n) + 7 (z) = 77
3. Meier 40 (M) + 5 (e) + 10 (i) + 5 (e) + 200 (r) = 260

Die drei Zahlen aus den zwei Vornamen und dem Nachnamen werden addiert. 251 (Karl) + 77 (Heinz) + 260 (Meier) = 588.

Die Quersumme wird gezogen. Unter einer Quersumme versteht man das Ergebnis der Addition der Einzelziffern einer Zahl. Die Quersumme beispielsweise aus 33 ist:

3 + 3 = 6. Die Quersumme aus unserem Beispiel, aus der 588, in die sich die Buchstaben des Namens von Herrn Meier verwandelt haben, lautet: 5 + 8 + 8 = 21. Wir haben wieder eine zweiziffrige Zahl erhalten, nämlich die Einundzwanzig, und ziehen daher noch einmal die Quersumme: 2 + 1 = 3. Damit ist Herr Meier nach der hebräisch-kabbalistischen Methode erfolgreich zu einer Zahl reduziert worden. Seine persönliche Namenszahl ist, berechnet nach dem traditionellen kabbalistischen System, die Drei.

Legt man den Berechnungen das römische System zugrunde, so muß mit folgender Zuordnungs-Tabelle gearbeitet werden:

| 1 | 2 | 3 | 4 | 5 | 6 | 7 | 8 | 9 |
|---|---|---|---|---|---|---|---|---|
| A | B | C | D | E | F | G | H | I |
| J | K | L | M | N | O | P | Q | R |
| S | T | U | V | W | X | Y | Z | |

Die Rechnung sieht dann folgendermaßen aus:

1. Karl 2 (K) + 1 (a) + 9 (r) + 3 (l) = 15
2. Heinz 8 (H) + 5 (e) + 9 (i) + 5 (n) + 8 (z) = 35
3. Meier 4 (M) + 5 (e) + 9 (i) + 5 (e) + 9 (r) = 32

15 (Karl) + 35 (Heinz) + 32 (Meier) = 82.

Die Quersumme wird gezogen. Sie lautet: 8 + 2 = 10. Da die Zehn eine zweiziffrige Zahl ist, wird noch einmal die Quersumme gezogen: 1 + 0 = 1.

Legt man die römische Berechnungsmethode zugrunde, so lautet die persönliche Namenszahl des Herrn Meier: Eins.
Zwei gleichwertige numerologische Systeme stellen unserem Herrn Meier nun also zwei unterschiedliche Gewänder zur Auswahl. Welches ihm besser paßt, kann nur er entscheiden oder die Menschen, die ihn gut kennen. Bevor er diese beiden Gewänder jedoch anziehen und sich mit ihnen vor den kabbalistischen Spiegel stellen kann, muß er noch eine zweite Rechenaufgabe lösen. Jetzt fehlt nur noch der entsprechende Tarot-Trumpf, dann kann das Verkleidungs-Spiel beginnen.

## *2. Der individuelle Tarot-Trumpf*

Der persönliche Tarot-Signifikator errechnet sich aus dem Geburtsdatum. Die Zahlen des Geburtsdatums, bestehend aus Tag, Monat und Jahr, werden addiert. Dann wird wieder die Quersumme gezogen. Liegt das Ergebnis über 22, so muß erneut die Quersumme gezogen werden. Liegt das Ergebnis der Quersumme unter der 22 oder lautet es exakt 22, so ist es die Zahl des entsprechenden Trumpfes.
Eine Besonderheit muß beachtet werden. Der Trumpf »Narr« trägt die laufende Nummer 0 (Null). Da es keine Ziffer gibt, deren Quersumme Null lautet, wird dem Narren die laufende Nummer 22 zugeordnet.
Null gleich 22; Adam Riese würde sich im Grabe umdrehen, der Kabbalist aber kennt die Gründe. Tatsächlich gibt es gute Gründe, die Zwei und erst recht die 22 in gedankliche Nähe zur Null zu setzen. Aber wir sind jetzt wie die Kinder. Die Kinder wissen nicht immer, *warum* etwas so

und so funktioniert; sie merken nur, *daß* es funktioniert. Damit wollen wir uns zunächst zufriedengeben.

Stellen wir uns vor, unser guter Freund Karl-Heinz Meier wurde am 2. November 1945 geboren.
Wir addieren also: 2 + 11 (für November) + 1945 = 1958.
Es wird, da 1958 deutlich über der 22 liegt, die erste Quersumme gezogen: 19 + 58 = 77.
Es gibt keinen Tarot-Trumpf mit der laufenden Nummer 77; nochmals muß die Quersumme gezogen werden: 7 + 7 = 14. Volltreffer! Die laufende Nummer 14 entspricht dem Tarot-Trumpf »Alchemie«.

| | |
|---|---|
| 1 – Der Magier | 12 – Der Gehängte |
| 2 – Die Hohepriesterin | 13 – Der Tod |
| 3 – Die Herrscherin | 14 – Die Alchemie |
| 4 – Der Herrscher | 15 – Der Teufel |
| 5 – Der Hierophant | 16 – Der Turm |
| 6 – Die Liebenden | 17 – Der Stern |
| 7 – Der Wagen | 18 – Der Mond |
| 8 – Die Kraft | 19 – Die Sonne |
| 9 – Der Eremit | 20 – Das Aeon |
| 10 – Das Schicksalsrad | 21 – Das Universum |
| 11 – Die Gerechtigkeit | 22 (=0) – Der Narr |

Für Karl-Heinz Meier ist nach der hebräisch-kabbalistischen Methode die Kombination 3 – Alchemie ermittelt worden. Legt man die römische Methode zugrunde, so lautet seine Kombination: 1 – Alchemie.
Im folgenden »Spiegel-Kabinett« kann er sich nun vor seine beiden Spiegel stellen. Vielleicht sind es Zerrspiegel, vielleicht aber auch Tore zu Abenteuern des Geistes? Denn – erinnern wir uns: Auch Alice im Wunderland

stand zuerst vor einem Spiegel! Man kann in den »Spiegel« hineinsehen oder hineingehen, ganz nach Belieben. Hereinspaziert, meine Damen und Herren! Es liegt nur ein einziger Buchstabe zwischen Erkennen und Verkennen, zwischen sehen und gehen. Die wirklich bedeutsamen Unterschiede sind immer sehr klein ...

Der Kabbalist versteht unter »männlich« und »weiblich« etwas anderes als das, was man allgemein im Alltag darunter versteht. Im Alltag herrscht strenge »Ordnung«, die auf dualistischen Zuordnungen basiert: Der Mann ist männlich, die Frau ist weiblich, punktum und basta!
Der Kabbalist sagt: jeder Mensch ist männlich und weiblich zugleich; jeder Mensch trägt sowohl weibliche (passiv-statische) als auch männliche (aktiv-kinetische) Kräfte und Elemente in individuell unterschiedlicher Dosierung in sich. Wenn ein Mann also die Kombination 1 – Hohepriesterin hat, so ist er deswegen nicht »weibisch«, und eine Frau, deren Kombination 5 – Herrscher lautet, ist deshalb noch lange kein »Mannweib«.

Wir sehen »Bilder« im »Spiegel« – sie können männlich oder weiblich sein; es sind *Bilder*, also Symbole; wir sollen sie auch als Symbole verstehen und nicht kleinlich auf ein »er« oder »sie« pochen und, ist das Spiegelbild weiblich, zänkisch aufschreien: »Ich bin aber ein *Mann!*«
Außerdem: wer sagt uns denn, daß wir wirklich der, die oder das sind, wer, wie oder was wir glauben?
Wenn ein Mann vor dem »Spiegel« steht und eine Frau – vielleicht seine unbewußte anima? – blickt ihn als Spiegelbild an; wenn eine Frau in den »Spiegel« blickt, und ein Mann – vielleicht ihr animus? – sieht ihr aus dem »Spiegel« entgegen – ist das nicht auch schön und aufregend?

# Kapitel 1

## *1 – 0 – Narr*
## *Der Elementar-Mensch*

Wenn er etwas will, dann will er es sofort und auf der Stelle. Sein ungeduldiges Gemüt erlaubt ihm kein langes Sehnen und Schmachten; er steuert sein Ziel direkt an. Kann er es nicht erreichen, sucht er sich eben ein neues.

Seine Stimmungen schlagen aus heiterem Himmel um. Eben noch war er der beste, verständnisvollste Freund, den man sich vorstellen kann, und kurz darauf verwandelt er sich ohne erkennbare Ursache in einen tobenden Wüterich. Der »Doktor Jekyll« und der »Mister Hyde« in ihm sind gleich stark ausgeprägt. Ist sein plötzlicher Zorn verraucht, hat er sich schreiend und fluchend ausgetobt, so beteuert er gleich darauf mit naivster Unschuldsmiene: er wisse gar nicht, weshalb ihm alle böse seien; er meine es doch nur gut mit allen!

Er ist Löwe und Lamm in einer Person. Naturgewaltige Urkräfte schlummern friedlich neben Kultiviertheit und Menschenliebe in seiner Brust. Er ist, wenn man so will: Ein Wallstreet-King-Kong im Nadelstreifen-Maßanzug, gutmütig und liebevoll, aber eine Bestie im Zorn.

Engel und Dämon zugleich – der weibliche »Elementar-Mensch« verkörpert sowohl Lilith als auch Eva und Maria – die verführerische Schlange, zugleich die liebende Frau und zärtliche Mutter.

Diesen Menschen haftet etwas Unberechenbares an; sie

sind nicht »zivilisiert«, nicht »angepaßt«, sie passen in kein Raster, und keine »Schublade« wird ihnen gerecht. Manche halten sie für herzensgute Menschenfreunde, manche für gemeingefährliche Bestien. Beides stimmt. Im Zorn kann der »Elementar-Mensch« seine Wohnungseinrichtung zertrümmern. Ist er gut gelaunt, dann würde er am liebsten die ganze Welt umarmen – »Seid umschlungen, Millionen!«
Wüterich und Wohltäter, er ist beides zugleich. Man wird ihn wohl nie recht verstehen. – Er sich selbst übrigens auch nicht …

## *1 – I – Magier*
## *Die Intelligenzbestie*

Um Ausreden, Erklärungen und Notlügen ist er nie verlegen. Er wird vom Verstand beherrscht, und es schlummert ein Sherlock Holmes in ihm. Sein Wissensdrang ist unersättlich, und es gibt nichts, wofür er sich nicht interessiert. Und er hat das Glück, daß in völlig verfahrenen Situationen immer im rechten Augenblick die zündende Idee, die geniale Inspiration kommt, die ihm weiterhilft. Ihm fällt *immer* etwas ein. Er ist der »Pfadfinder der Auswege«. Was auch immer er ausgefressen haben mag – er wird überzeugend beweisen können, daß man ihn völlig zu Unrecht bezichtigt.
Gut und Böse liegen bei ihm sehr dicht beieinander. Mit moralischen Standpauken kann man ihn zu Tode langweilen. Er pfeift auf Normen und Konventionen. Sein Motto lautet: »Mein Gesetz bin ich.«
Er wäre der perfekte Wirtschafts-Kriminelle, der Gentleman-Verbrecher, der im Grunde niemanden und doch alle

schädigt, ohne jedoch einer bestimmten Person Schaden zuzufügen. Er zahlt nicht gern Steuern und bemogelt das Finanzamt, wo immer sich eine Chance bietet. An Schwarzarbeit, Steuerhinterziehung und ähnlichen »Kavaliersdelikten« kann er nichts Verwerfliches finden. Seine Meinung zu solchen Themen: »Wer sich erwischen läßt, ist selbst schuld.« Niemand kann ihn entlarven – außer: Jemand, der genauso denkt wie er selbst, der sich also in ihn hineinversetzen kann. Ein Mensch vom Typ »Intelligenzbestie« kann nur von einem Menschen desselben Typs durchschaut werden.
Im Alltag ist er charmant, intelligent, und er hat etwas Unwiderstehliches. Niemand kann ihm lange böse sein. Und wenn man zehnmal weiß, daß er lügt – man glaubt ihm seine Lügen nur allzu gern.

### *1 – II – Hohepriesterin*
### *Die graue Eminenz*

Sie ist ehrgeizig und verwendet all ihre Kraft darauf, ihre Schützlinge anzutreiben, zu fördern und zu unterstützen. Sie verfügt über pädagogische Talente. Nur wer permanent Höchstleistungen erbringt, kann sie milde stimmen. Sie macht nur ungern selbst Karriere. Lieber projiziert sie ihren Ehrgeiz in ihren Mann, ihre Kinder oder in ausgewählte Schützlinge.
Sie ist bereit, alles zu opfern: Zeit, Geld, Kraft, Gesundheit – wenn nur die Aussicht besteht, daß ihr Schützling alle Konkurrenten übertrumpfen und in den Schatten stellen wird. Insgeheim spekuliert sie darauf, daß ein Teil des Ruhmes, den ihr Protegé erringen soll, auf sie selbst zu-

rückfällt. Mehr als alle Statussymbole verlocken sie Ruhm, Erfolg und Prestige.
Menschen wie sie sind es, die aus kleinen Mozarts und kleinen Goethes das machen, was sie geworden sind. Sie sind die treibenden Kräfte, die aus einem begabten Kind oder Schützling ein Genie formen. Ihr Ehrgeiz macht aus einem potentiellen Star einen tatsächlichen.
Sie kann eine aufopfernde Mäzenin sein, die buchstäblich ihr letztes Hemd für die Karriere des Schützlings opfert. Aber wehe, wenn ihre hohen Erwartungen enttäuscht werden! »Da werden Weiber zu Hyänen!« All ihre Liebe und Hingabe, all ihre Opferbereitschaft und Güte verwandeln sich dann schlagartig in Haß und Zerstörungswut. Der Gedanke, sich einem unwürdigen Versager aufgeopfert zu haben, macht sie so zornig, daß man gut daran tut, rasch die Flucht zu ergreifen, um mit heiler Haut davonzukommen.

## *1 – III – Herrscherin*
## *Die Femme fatale*

Sie will Herzen und Ehen brechen. Durch ihr Äußeres soll man sich nicht täuschen lassen; mal ist sie eine Wölfin im Persianer, mal im Schafspelz, im Grunde aber immer dieselbe. Auch in alternativen Latzhosen und schmuddeligen Schlabberhemden steckt eine Luxus-Salonlöwin in ihr, eine gefährliche Salome, die nichts Schlimmes daran finden kann, wenn man ihr den Kopf oder das Herz oder die Brieftasche ihres Opfers auf einem Silbertablett präsentiert.
»Spieglein, Spieglein an der Wand, wer ist die Schönste im ganzen Land?« Dies ist eine der wichtigsten Fragen für sie,

auch wenn sie es nicht zugibt. Zwar ist ihr nicht völlig klar, was sie im Leben erreichen will, denn außer Herzen zu brechen, hat sie keine Ziele, und das macht sie zu einer schillernden, unberechenbaren Persönlichkeit. Aber sie ist zu aufrichtiger, ehrlicher Freundschaft fähig, und man kann mit ihr Pferde stehlen.
Sie liebt leidenschaftlich und wahnsinnig – aber immer nur so lange, bis der Geliebte ihr langweilig geworden ist. Und das geschieht meist schon nach einigen Tagen. In Wahrheit liebt sie nicht einen Menschen, sondern die Liebe; sie liebt das berauschende Gefühl des Verliebtseins, unabhängig davon, welcher Mensch dies Gefühl auslöst.
Männliche Vertreter dieses Typus sind meist Belamis, Herzensbrecher, Casanovas, Felix Krulls, unwiderstehliche Beaus.
Vertreter dieses Typus, ob männlich oder weiblich, gleichen Katzen: sie fallen immer auf die Füße, werden immer irgendwie zu Geld und Wohlstand gelangen (im Regelfall durch Heirat mit einem Millionär oder einer reichen Erbin). Sie sind Glückspilze und werden von vielen Menschen beneidet.

## *1 – IV – Herrscher*
## *Der Patriarch*

Er will zweierlei sein. Erstens: Der Mann, ohne den nichts geht; zweitens: Der Mann, dem alles gehört. Er strebt nach Macht und Einfluß, er will die Entscheidungen treffen und die Verantwortung übernehmen. (Und selbstverständlich auch die Gewinne einstreichen ...)
Er entscheidet, was richtig und was falsch ist. Viele fürchten ihn, weil sie nicht wissen, welch großen Respekt er

vor Menschen hat, die es wagen, ihm zu widersprechen. Wer bessere Argumente hat als er, von dem läßt er sich überzeugen. Der Boss will er allerdings trotzdem bleiben.
Er hat etwas Paschahaftes und strebt immer danach, an die Spitze zu gelangen, sei es in einem Verein, einer Partei, im Beruf, im Sport – immer und überall will er der Erste, der Beste und der Großartigste sein. Er will durch Leistung überzeugen. Man hält ihn für reich und bedeutend, auch wenn er in Sack und Asche durch die Gosse stolpert; irgend etwas Unerklärliches haftet ihm an; es ist die Aura des Reichtums und des Erfolgs. Diese Aura ist es auch, die ihm jede Tür öffnet.
Auf sein Wort ist Verlaß. Er ist hart, aber gerecht; er legt dieselben strengen Maßstäbe, die er an seine Untergebenen legt, auch an sich selbst. Für ihn zählen nicht schöne Worte, sondern Fakten und Leistungen. Nur so kann man ihn gewinnen.
Willenskraft und Ehrgeiz sind bei ihm überdurchschnittlich stark entwickelt; er geht jedoch nie »über Leichen«. Hat er sein Ziel erreicht, ist er Boss und Entscheidungsträger, wird er seine Macht immer überlegt und human gebrauchen. Er wird nie zum Machtmißbrauch und zur Selbstgefälligkeit neigen.

## *1 – V – Hierophant*
## *Der Helfer*

Wenn die Not am größten ist, tritt er plötzlich auf – scheinbar zufällig ist er zur richtigen Zeit am richtigen Ort. Wo seine Hilfe gebraucht wird, da taucht er auch früher

oder später auf. Wenn jemand in Not ist, packt er zu. Seine Güte erschöpft sich nicht in nichtsnutzigen Mitleids-Phrasen. Wo andere schwatzen, da handelt er.
Es gibt kein Problem, das er nicht lösen, keine Not, die er nicht lindern könnte. Seine Hilfeleistungen basieren nicht auf Emotionalität oder Sentimentalität, sondern auf sachlichen Überlegungen. Diese Überlegungen lauten ungefähr so: »Indem ich helfe, mache ich die Welt ein Stück besser.«
Sein Ziel ist es, Hilfe zur Selbsthilfe zu leisten. Er möchte keine Abhängigkeit oder Hörigkeit erzeugen, sondern er möchte durch seine konkreten Aktivitäten dazu beitragen, daß aus Schwachen und Hilflosen wieder selbständige, selbstbewußte Selbstversorger werden.
Sein Idealismus ist nie naiv, sondern immer pragmatisch. Er lebt nicht im Wolkenkuckucksheim, sondern auf dieser unvollkommenen Welt. Er will sich nicht an Utopien berauschen, sondern ganz reale Mißstände beseitigen.
Im Grunde seines Wesens ist er religiös; er sucht Gott. Der Dienst am Mitmenschen ist seine individuelle Art des Gottesdienstes.
Er redet nicht viel, doch was er sagt, das ist bedeutungsvoll. Er ist Lehrer, Helfer und Beschützer zugleich, ein moderner Samariter, der keinen Dank fordert. Bevor man ihm danken kann, ist er wieder verschwunden – ebenso plötzlich, wie er aufgetaucht ist.

## *1 – VI – Liebende*
## *Der Eulenspiegel*

Man kann ihm nichts vormachen. Sein scharfer Geist durchschaut jeden Schwindel. Nichts liegt ihm ferner, als in falschem Respekt vor selbsternannten Autoritäten zu erstarren. Im Kern ist er ein Spötter, ein Satiriker, ein Kabarettist, ein Eulenspiegel. Des »Kaisers neue Kleider« nennt er beim Namen. Pomp und bombastisches Geschwätz können ihn nicht beeindrucken.

Er zieht alles in Zweifel – sich selbst nicht ausgeschlossen. Nach außen hin wirkt er selbstbewußter, als er es tatsächlich ist; es nagen ständige Zweifel an seinem Ego. Aber er ist zu stolz, das zu zeigen. »Wie's da drinnen aussieht, geht niemanden was an«, sagt er sich.

Er bringt es fertig, seine eigene Person offen durch den Kakao zu ziehen, ohne daß jemandem auffällt, daß er in Wahrheit über sich selbst spricht. Oftmals ist er allerdings auch nur schlichtweg albern; sein Repertoire reicht von der geistreichsten, scharfsinnigsten Anspielung bis zum flachen, bärtigen Witz, über den niemand mehr lachen kann. Es ist sein Ehrgeiz, in allen Dingen und allen Menschen das Komische zu entdecken.

Nichts ist ihm heilig. Daß die Bosse und Berühmtheiten und Besitzenden auch nur mit Wasser kochen, darauf weist er mit Leidenschaft hin. Sein Geist ist schelmisch und durch und durch demokratisch. Obwohl – oder gerade *weil* ihm nichts ernst ist, sehnt er sich danach, an etwas Großes, Heiliges, Wahres glauben zu können. Aber es gelingt ihm nicht; er ist außerstande, irgend etwas ernst zu nehmen. Nicht selten verspottet er gerade das am heftigsten, woran er am liebsten glauben würde. Das ist seine geheime Tragik.

## *1 – VII – Wagen*
## *Der Sieger*

Er ist der geborene Gewinner. Er kämpft, er fürchtet niemanden, er vertraut auf seine Kraft; sein gesundes Selbstvertrauen ist das Geheimnis seines Erfolges. Skrupel kennt er, wenn überhaupt, dann nur vom Hörensagen. Er ist wirklich kein Musterbeispiel an sensibler Rücksichtnahme, und er bringt es durchaus fertig, »über Leichen« zu gehen. Seinen Freunden oder Familienmitgliedern begegnet er mit Treue, Aufrichtigkeit, Zuverlässigkeit und Liebe.

Seine Prinzipien und Grundüberzeugungen sind ihm heilig – darüber wünscht er keine Diskussionen. Er ist kein missionarischer Dogmatiker, er will niemanden von der Richtigkeit seiner Ansichten überzeugen. Er verlangt jedoch, daß man auch seine Meinungen respektiert.

Seine Gefühle sind tief und wahrhaftig. Er ist weder an oberflächlichen Freundschaften noch an flüchtigen Liebesabenteuern interessiert.

Sein Ehrgeiz richtet sich auf den Sieg. Niederlagen kann er nicht verkraften, denn zum einen ist er an Niederlagen nicht gewöhnt, und zum anderen sind ihm seine (meist beruflichen und materiellen) Ziele so heilig, daß er seinen Lebensinhalt darin erblickt, sie anzustreben. Ein Ziel nicht zu erreichen, wäre für ihn gleichbedeutend mit: am liebsten nicht geboren worden zu sein.

Unter unglücklichen Umständen kann er sich zum Fanatiker oder zum Melancholiker entwickeln – nämlich dann, wenn er glaubt, versagt zu haben. Gerät er jedoch an einen noch kraftvolleren, dominierenderen Menschen, dessen objektive Überlegenheit er akzeptiert, kann er sich als perfekte »rechte Hand« bewähren.

## *1 – VIII – Kraft*
## *Die Gerechte*

Sie hat ihre ganz individuelle Rechtsauffassung. Gerechtigkeit bedeutet für sie nicht, daß jeder bekommt, was ihm *zusteht*, sondern daß jeder bekommt, was er *braucht*. Sie will, daß alle Menschen ihren Bedürfnissen entsprechend leben und sich entwickeln können, und sie ist eine erbitterte Gegnerin aller gedankenlosen Gleichmacherei. Sie weiß, daß die Menschen verschieden sind, verschiedene Bedürfnisse haben, und daß wahre Gleichbehandlung darin besteht, jeden Menschen individuell zu beurteilen, zu behandeln und zu fördern.

Rechtsstreitigkeiten und Prozesse fürchtet sie nicht. Sie ist eine mutige Löwin, allzeit bereit, für Schwächere zu kämpfen. Aus ihrem Holz werden die Robin Hoods, die Michael Kohlhaas' und alle anderen Kämpfer für Recht und Menschlichkeit geschnitzt. Sozialer Ausgleich steht für sie an erster Stelle. Wo sie Unrecht wittert, da wird sie aktiv.

Manche halten sie für eine profilneurotische Querulantin, die sich unentwegt in Dinge einmischt, die sie nichts angehen, denn sie ist eine höchst unbequeme Zeitgenossin. Sie kämpft für alle Kreaturen, die nicht stark genug sind, sich selber Recht zu verschaffen: für die Natur, Kinder, Alte, Kranke, soziale Randgruppen sowie für bedrohte Pflanzen- und Tierarten. Ihr heiliger Zorn gilt allen Ausbeutern, Umweltverschmutzern, Unterdrückern und Unmenschen.

In ihrem Kampf für Gerechtigkeit kann sie äußerst listige Bündnisse schließen, um auf diese Weise einflußreiche Mitstreiter für die gute Sache zu gewinnen.

## *1 – IX – Eremit*
## *Der Tüftler*

Er sitzt im stillen Kämmerlein und grübelt, immer der Lösung kniffliger Probleme auf der Spur. Seinen Wissensdurst kann man nicht mit Phrasen und Floskeln stillen. Er will es immer ganz genau wissen. Er ist ein Autodidakt, der es mühelos schafft, sich innerhalb weniger Wochen zu einem Experten auf jedem beliebigen Gebiet auszubilden. Er hat kreative Erfindungsgabe; im Grunde ist er ein Einzelgänger, ein einsamer Wolf, ein Harry Haller, der dann die größten Leistungen erbringt, wenn man ihn in Ruhe läßt. In seinem Kämmerchen, sei es im Keller oder auf dem Dachboden, vergißt er die Welt ringsumher. Wer ihn liebt und es gut mit ihm meint, der läßt ihn am besten in Ruhe, damit er ganz in seinen Studien oder Tüfteleien aufgehen kann.

Ob Mathematiker oder Laubsäger, ob Quantenphysiker oder Briefmarkensammler – denn so weit reicht das Spektrum dieses Typus –, gemeinsam ist ihnen allen, daß ihre Ruhe ihnen heilig ist. Wer sie auf rauschende Feste einlädt, macht ihnen keine Freude. Denn der »Tüftler« langweilt sich meist gerade dort schier zu Tode, wo andere Menschen sich fürstlich amüsieren.

Geselligkeit wird ihm immer ein Graus sein; wenn schon Gespräche mit anderen sein müssen, dann bevorzugt er eine Fachsimpelei unter Gleichgesinnten und solchen Menschen, deren Interessen identisch sind mit den seinen.

Unwiderstehliche Faszinationskraft übt er nur auf solche Menschen aus, die in der Lage sind, den Wert seiner Arbeiten im stillen Kämmerlein zu begreifen; das sind naturgemäß wenige; sie aber können ihn glühend verehren.

## *1 – X – Schicksalsrad*
## *Der Zocker*

Im Grunde seines Herzens ist er ein Spieler, ein kleiner Dostojewski, bereit, alles zu riskieren, alles auf eine Karte zu setzen, wenn er sich davon etwas verspricht. Er glaubt an das dynamische Prinzip in der Geschichte, an den Fortschritt und daran, daß alles sich beständig verändert. Aus diesem Glauben resultiert sein spielerischer Umgang mit Dingen, Menschen und Ideen. Alles ist ihm im tieferen Wortsinne: gleich-gültig, das heißt: alles gilt ihm gleichviel. Wenn alles sich verändert, so meint er, ist es am klügsten, sich dem ständigen Wechsel anzupassen. Prinzipien, Grundsätze und Dogmen wären da nur hinderlich.

Sein Leben ist durch extreme Wechselfälle geprägt. Einer wie er bringt es fertig, sechs Richtige im Lotto zu haben und schon nach drei Wochen wieder mit leeren Händen dazustehen. Aber auch der umgekehrte Fall gilt: er kann heute mit leeren Händen dastehen und schon kurz darauf ein angesehener, wohlhabender Bürger sein. Er steht mit dem Zufall auf »du und du«. Der Zufall ist zwar kein verläßlicher, dafür aber ein sehr großzügiger Freund ...

Selten wird er bewußt nach Reichtum, Erfolg und Anerkennung streben. Und trotzdem – oder gerade deshalb – kommt er immer wieder auf spielerische, leichte Weise zu all den guten Dingen, für die sich andere jahrzehntelang plagen und schuften müssen. Wie gewonnen, so zerronnen – er bleibt nie lange der, der er war.

Das Leben ist ein Marathonlauf, der gute Kondition und einen langen Atem verlangt. Er aber teilt sich den langen Weg in unzählige kurze Sprintstrecken ein. Es macht ihm Spaß, im Sprint die Dauerläufer zu überholen. Das macht sein Leben zu einem kräftezehrenden Abenteuer.

## *1 – XI – Gerechtigkeit*
## *Der Genießer*

Dies ist die Kombination der Hedonisten, der Genußmenschen, der Schleckermäuler, Genießer und Feinschmecker, die ein erotisches Verhältnis zum Leben haben. Was weder Spaß macht noch mittelfristig Genüsse verspricht, das läßt sie kalt.

Essen, Liebe, Kunst, Kultur – der »Genießer« nimmt alles mit. Alles ist ihm willkommener Anlaß zum Schwelgen und Genießen, sogar seine Arbeit, der er erstaunlich viele genüßliche Seiten abgewinnen kann. Was er tut, das tut er gern und mit Hingabe.

Der »Genießer« hat eine geheime Zauberformel gefunden, mit Hilfe derer er allen Dingen, allen Menschen und allen Situationen die besten, angenehmsten Seiten abgewinnen kann. Er kennt nur den Spaß und das Genießen, und deshalb gibt es in seinem Leben auch nur Spaß und Genuß.

Er ist ein bemerkenswerter Liebhaber mit dem Hang zum Außergewöhnlichen. Er scheut nicht davor zurück, Dinge zu sagen oder zu wagen, vor denen andere instinktiv zurückschrecken würden.

Seine Experimentierfreude ist nahezu grenzenlos. Alles, was auch nur ein Minimum an Vergnügen oder neue, unbekannte Reize verspricht, wird kurzerhand ausprobiert. Mögliche Gefahren ignoriert er. Ihn interessiert nicht, was dagegen spricht, einen neuen Rausch zu genießen. Spätfolgen und Nebenwirkungen können ihn nicht irritieren.

Es ist ein großes Vergnügen, mit ihm bekannt oder befreundet zu sein. Doch mit ihm verwandt oder verheiratet zu sein, ist eine Plage, die man sich nicht wünschen sollte.

## *1 – XII – Gehängter*
## *Der Märtyrer*

Er *will* sich aufopfern. Wenn er keinen Menschen findet, dem er sein Leben weihen kann, dann stellt er sich mit Leib und Seele, ganz und gar, mit Haut und Haar in den Dienst einer Partei, eines Vereins, einer Institution oder einer Idee.

Er will sich rücksichtslos für andere zugrunderichten, will für andere bis an die Grenze der Erschöpfung und des physischen Zusammenbruchs gehen. Er spendet leidenschaftlich gern Blut, und dieses Prinzip wirkt auch über seinen Tod hinaus: denn wenn er tot ist, so stellt er seine Innereien der bedürftigen Menschheit als Organspender zur Verfügung. Ihn sehen und ein schlechtes Gewissen bekommen – das ist *ein* Vorgang. Er ist eine wandelnde Anklage.

Seine Fähigkeit zur Selbstüberwindung hat etwas geradezu Unmenschliches. Er ist bereit, für einen Glauben, eine Idee oder einen Menschen zu sterben – mit dem Hintergedanken, auf diese Weise für sich selbst eine gewisse Unsterblichkeit zu erlangen.

Er sucht die Qual, er ist ein Selbstquäler; Fröhlichkeit und Genuß sind ihm zuwider; er will sich jeden Tag aufs neue überwinden, er ist überzeugter Spartaner und kann sich zu einem gefährlichen Fanatiker entwickeln.

Leute seines Schlages sind im Mittelalter als Flagellanten durch die Straßen gezogen, sie gründeten Pflegestationen für Aussätzige in der perversen Hoffnung, sich anzustekken; sie ließen sich als erste Christen den Löwen zum Fraß vorwerfen, denn insgeheim glauben sie, Gott sei ein Sadist und verlange vom Menschen Masochismus.

## *1 – XIII – Tod*
## *Der Revolutionär*

Der Tod ist der große Gleichmacher; Klassenschranken beeindrucken ihn nicht. König und Bettler sind für ihn gleich. Der Tod ist ein spöttischer Anarchist.
Menschen mit dieser Kombination sind leidenschaftliche Demokraten, kraftvolle Verfechter des Prinzips »Freiheit, Gleichheit, Brüderlichkeit«. Extrawürste für einige wenige Privilegierte zu braten, lehnen sie von ganzem Herzen ab, denn ihr Credo lautet: »Wir alle sind gleich geboren und werden alle ohne Ausnahme auch gleichermaßen wieder sterben müssen. Deshalb wollen wir auch in der Zwischenzeit gleich sein!«
Der Typus »Revolutionär« hat hohe ethische und politische Ideale. Daß Politiker nicht selten korrupt und machtbesessen sind, ärgert ihn bis zur Weißglut. Denn seiner Meinung nach müßte die Politik die Fortsetzung der Moral und Menschenliebe mit anderen Mitteln sein. Aber die Verhältnisse sind nicht danach, und das ist ihm ein ständiges Ärgernis.
Leute wie er haben die Menschheit von der Herrschaft der Tyrannen befreit – und sich nicht selten kurze Zeit später selbst zum Tyrannen entwickelt. Der »Revolutionär« ist immer da ein Held, wo es gilt, ein Unrechtsregime zu stürzen. Macht er sich jedoch selbst zum neuen Herrscher, so kann man nur hoffen, daß der Satz »Die Revolution frißt ihre Kinder« auch wahr ist …
Menschen mit dieser Kombination sind hochintelligente, analytische Köpfe, haben ein starkes Interesse an historischen Themen und sind faszinierende Gesprächspartner – allerdings nur, solange man sich mit ihnen nicht auf politische Diskussionen einläßt.

## *1 – XIV – Alchemie*
## *Der Macher*

Er hat die Mentalität eines genialen Schachspielers; sein Vorgehen ist in allem, was er tut, plant oder beabsichtigt, durch Systematik und Geduld geprägt. Was er sagt, das ist durchdacht, und was er will, ist wohlerwogen. Bevor er sich sein Urteil über eine Angelegenheit, eine Idee oder einen Menschen bildet, wägt er sorgfältig alle Argumente gegeneinander ab.
Instinktiv wenden sich die Menschen am liebsten an ihn, wenn sie Rat brauchen, denn sie spüren: seine Meinung hat Gewicht und ist nicht das Produkt einer spontanen Augenblickslaune.
Ihn zum guten Freund zu haben, das ist beinahe wie eine Art Rundum-Versicherungsschutz gegen jede Art von Mißerfolg und Mißlingen, denn er berät so klug und vorausschauend, daß man, wenn man auf ihn hört, im Grunde gar nicht scheitern kann. Wie ein Schachspieler, so denkt auch er immer mehrere Züge im voraus.

Sein Ehrgeiz besteht darin, »Wunder« zu vollbringen und Probleme zu lösen, die als unlösbar gelten. Er experimentiert mit der Quadratur des Kreises – nicht etwa, weil er ein Spinner wäre, sondern, ganz im Gegenteil, weil ihn intellektuelle Herausforderungen reizen. Er ist fest davon überzeugt, daß der Kraft des menschlichen Geistes keine Grenzen gesetzt sind. Und das will er beweisen.
Er glaubt, daß auch das Unmögliche machbar ist – und: erstaunlich oft gelingt es ihm tatsächlich, Dinge zu vollbringen, die andere Menschen in großes Erstaunen versetzen.

## *1 – XV – Teufel*
## *Der Launische*

Wenn nicht alles nach seiner Nase geht und nach seiner Pfeife tanzt, würde er am liebsten sofort Tische und Stühle zertrümmern. Meist kann er sich zwar beherrschen, aber es gelingt ihm nur selten, seinen unbändigen Zorn zu verbergen, der ihn immer dann überkommt, wenn sich nicht alles wunsch- und plangemäß entwickelt.

Er kann schuften wie ein Ochse, zäh und beharrlich. Er scheut weder Schweiß noch Mühe. Aber wehe, die Mühen werden am Ende nicht vom Erfolg gekrönt! Dann benimmt er sich wie ein ungezogenes kleines Kind, das mühselig einen Turm aus Klötzchen aufgebaut hat und ihn aus reiner Bockigkeit wieder umwirft.

Selbstbeherrschung ist für ihn ein exotisches Fremdwort. Er ist ungemein ehrgeizig, bisweilen sogar fanatisch, und der Zweck heiligt für ihn die Mittel.

Oft tut er aus Gründen, die ihm selbst unerklärlich sind, Dinge, deren Sinn er selbst nicht begreift. Fragt man ihn, was seine Absicht gewesen sei, so kann er nicht antworten. Er weiß es einfach nicht. Es »überkam ihn halt so«.

Es kann ihn »halt so überkommen«, daß er einem Stadtstreicher hundert Mark schenkt und eine halbe Stunde später seinen Kindern das Taschengeld kürzt. Den plötzlichen Impulsen, die ihn aus heiterem Himmel überkommen, ist er wehrlos ausgeliefert. Er handelt nach seinen Eingebungen, ohne sie zu verstehen.

Weder er selbst kann sich verstehen, noch können andere Menschen seine Gedankengänge nachvollziehen. Selbst der beste Psychoanalytiker müßte in seinem Fall kapitulieren.

## *1 – XVI – Turm*
## *Der große Befreier*

Er versteht sich als Aufklärer; seine Leidenschaft ist es, andere Menschen von ihren »Irrtümern« zu befreien. Alles, was in seinen Augen falsch und schädlich ist, möchte er vernichten – nicht etwa aus blinder Zerstörungswut, sondern weil er glaubt, der Menschheit damit einen großen Dienst zu erweisen.

Ist er Atheist, so will er gläubigen Menschen ihren Glauben nehmen. Ist er gläubig, so will er auch andere zu seinem Glauben bekehren. Daß es eine Art intellektuelle Ökologie, ein ökologisches Gleichgewicht der verschiedensten Meinungen, Überzeugungen und Lebensweisen geben *muß*, begreift er nicht. Was für ihn selbst gut ist, das muß, so glaubt er, auch den Rest der Welt beglücken. Toleranz ist für ihn gleichbedeutend mit schwächlicher Halbherzigkeit.

Er befindet sich ständig im »Heiligen Krieg« und ist unablässig damit beschäftigt, eine Denkgewohnheit oder eine Überzeugung bei sich selbst und seinen Mitmenschen auszurotten. Seine Utopie ist, daß alle Menschen an genau dieselben Dogmen glauben wie er selbst. Seine Ideen können, wohlgemerkt, durchaus gut und richtig sein; sein Absolutheitsanspruch aber macht selbst seine besten Ideen gefährlich und wertlos, denn im Grunde strebt er nach der Weltherrschaft seines Glaubens oder seiner Überzeugungen.

Manche Vertreter dieser Kombination halten es für sinnvoll und legitim, anderen Menschen notfalls auch mit dem Gewehrkolben Liebe und Menschlichkeit einzuprügeln.

## *1 – XVII – Stern*
## *Die Intuitive*

Dieser Menschenschlag weist eine faszinierende Eigentümlichkeit auf. Einige Vertreter dieser Kombination können beiläufig ins Gespräch eingestreute Fragen, die ein ihnen völlig unbekanntes Spezialgebiet betreffen, von dem sie nicht die geringste Ahnung oder sogar noch nie zuvor gehört haben, intuitiv korrekt beantworten. Sie haben eine Art »sechsten Sinn«.

Auch in den hoffnungslosesten Situationen bleibt die »Intuitive« optimistisch. Böse Zungen behaupten, das läge daran, daß sie intellektuell nicht in der Lage sei, den Ernst einer Situation zu erfassen. Aber das Gegenteil ist richtig: Die »Intuitive« sieht sehr wohl die bedrängenden Probleme, weiß aber instinktiv, daß alles gut ausgehen wird. Deshalb kann sie auch nicht begreifen, weshalb die Menschen rings um sie her in Panik verfallen.

Wer sie für verträumt und weltfremd hält, der unterschätzt sie gewaltig. Sie hat Zugang zu Informationsquellen, die anderen Menschen stets verschlossen bleiben werden.

Gerät sie tatsächlich einmal in Panik, dann sind ihre Warnungen ernstzunehmen, und man sollte an ihr nicht die Fehler wiederholen, die die Trojaner an Kassandra begangen haben. Sie ist eine Art Seismograph, der hochsensibel auf unterschwellige Schwingungen zu reagieren vermag.

Nie sollte man sie ausfragen, woher sie etwas wisse, oder auf welche Weise sie zu gewissen Informationen gelangt sei. Solche Fragen wird sie entweder nicht beantworten wollen oder nicht beantworten können.

## *1 – XVIII – Mond*
## *Der Weltfremde*

Er stolpert von einem Irrtum in den nächsten. Solider Realitätssinn ist ihm nicht in die Wiege gelegt worden. Er ist das Gegenstück zur »Intuitiven«: während sie immer instinktiv richtig liegt, tippt er immer intuitiv falsch. Dies tut er mit einer geradezu bewundernswerten Präzision. Besteht eine Wahrscheinlichkeit von eins zu zehn, einen Fehler zu machen, so kann man sicher sein: er macht ihn.
Er schert sich nicht um Wahrscheinlichkeit und Erfahrungswerte. Er ist felsenfest von der Wahrheit seiner jeweiligen Meinung überzeugt, bis er auf dem harten Boden der Tatsachen strauchelt, stolpert und sich eine blutige Nase holt. Dann schwört er seinem alten Irrtum ab, um sofort unverdrossen in den nächsten hineinzurennen.
Er ist ein Meister der selbstinszenierten Katastrophen, die allesamt eine gemeinsame Grundursache haben, nämlich: seine strikte Weigerung, sich mit den nackten Tatsachen abzufinden.
Im Grunde ist er ein Träumer, der sich die Welt gern nach seinen Wünschen zurechtbasteln möchte. Viele Menschen mit dieser Kombination werden für Spinner gehalten; damit tut man ihnen unrecht, denn man übersieht dabei, welchen Mut und welche eiserne Konsequenz diese Menschen an den Tag legen.
Sie brauchen eine feste Hand, weil es ihnen an eigener innerer Festigkeit mangelt. Wenn sie an den richtigen Partner, nämlich an einen energischen Realisten geraten, können sie Großartiges leisten.

## *1 – XIX – Sonne*
## *Der Glückspilz*

Er ist hochintelligent, selbstkritisch und bereit, hart an sich zu arbeiten. Seine Liebesbeziehungen sind stabil und harmonisch. Im Grunde seines Herzens ist er ein Philosoph, immer auf der Suche nach Wahrheit und Erkenntnissen.
Die Wahrheit sucht er nicht in erster Linie in Büchern oder bei klugen Lehrern, sondern in sich selbst. Durch kritische Selbsterkenntnis gelangt er zu weiterführenden Einsichten in größere Zusammenhänge. Er ist absolut, bisweilen sogar auf ein brutale Weise, ehrlich sich selbst gegenüber. Er lügt sich nicht in die eigene Tasche, er macht sich nichts über sich und seinen Charakter vor. Er weiß, wer er ist und was er von sich selbst zu halten hat, was er kann und wo seine individuellen Grenzen sind. Allerdings hält er die Grenzen seiner eigenen Möglichkeiten nicht für endgültig, sondern er bemüht sich stets, diese Grenzen immer weiter ins Unbekannte hinaus zu verschieben. Auf diese Weise ist er unablässig damit beschäftigt, das Gebiet seiner Fähigkeiten und Kenntnisse zu vergrößern.
Er verfügt über ein bemerkenswert großes kreatives Potential und versteht es, sich zum Mittelpunkt der Familie und des Freundeskreises zu machen. Seine Mitmenschen akzeptieren ihn instinktiv als Vorbild und Leitfigur, als Wortführer und Vordenker.
Er hat Glück und Erfolg im Leben – nicht nur, weil er fleißig und ehrlich ist, sondern auch, weil irgendeine gute Fee einen Narren an ihm gefressen hat.

## *1 – XX – Aeon*
## *Das Enfant terrible*

Dieser Typus kann auf unwiderstehlich charmante Art und Weise ungezogen sein, und wer sich von ihm nicht um den kleinen Finger wickeln läßt, der muß ein Klotz, ein unsensibler Rohling sein.
Das Enfant terrible geht ganz selbstverständlich davon aus, daß alle Welt nur darauf wartet, es zu verwöhnen, zu beschenken, ihm zu dienen und es zu unterhalten. Es hat Einzelkind-Allüren, ist impertinent, unverschämt, anmaßend und – unwiderstehlich. Seine natürliche, ungekünstelte Art, mit der es seine frechen Ansprüche stellt, ist so rührend naiv und herzig, daß man nicht Nein sagen kann. Hinterher ärgert man sich dann, daß man ihm schon wieder auf den Leim gegangen ist. Aber alle guten Vorsätze nützen nichts. Man fällt immer wieder auf seinen Charme herein.
Man kann es nur lieben, denn es liebt sich selbst. Es ist ein charmanter Tyrann, ein hinreißender Nervensäger, ein liebenswerter Ausbeuter, rücksichtslos, egoistisch, aber immer umgeben von Menschen, denen es Freude macht, ihm jeden Wunsch von den Augen abzulesen.
Diese selbsternannten Aristokraten, diese lebenslänglichen »kleinen Prinzen« und »Prinzeßchen« sind schamlos ehrlich und auf brutale Weise wahrheitsliebend. Kindermund tut Wahrheit kund – was das betrifft, so bleiben sie stets Kinder. Mit einem Enfant terrible Zeit verbringen zu dürfen, ist ein seltener und anstrengender, oftmals auch kostspieliger Genuß. Das Enfant terrible zählt zu den faszinierendsten Charakteren.

## *1 – XXI – Universum*
## *Der Perfektionist*

Er ist ausdauernd, ordentlich, zuverlässig, und sein Bestreben ist es, alle Dinge optimal zu erledigen. Er macht keine »halben Sachen«, gibt keine leeren Versprechungen, macht keine großen Worte. Wenn er etwas verspricht, dann hält er es auch.

Besonders in harten, schweren Zeiten bewährt er sich. Wenn andere resignieren, krempelt er die Ärmel hoch. Er hält durch, ist zäh, er läßt sich nicht unterkriegen. (Ein »Eiserner Gustav«!)

Er macht gern große Reisen, es schlummert ein Eroberer, ein Entdecker in ihm. Aber instinktiv zieht es ihn immer zu seinen Anfängen zurück, zu den Orten seiner Kindheit; wehmütig schlendert er am Elternhaus vorbei, an der alten Schule, an der Parkbank, auf der er seinen ersten »richtigen« Kuß bekam.

Er, der Perfektionist, der »Mister 100%«, der zähe Bursche, der nie aufgibt, ist im Kern – ein romantischer Nostalgiker!

In seinem Safe, in seinen Geheimfächern und Schubladen finden sich vielleicht vertrocknete Blümchen, jahrzehntealte Kinokarten, vergilbte Fotos, lauter scheinbar wertloses Zeug, das ihm kostbar ist. Warum, das verrät er nicht!

Ein bißchen sehnt er sich immer in die Vergangenheit zurück. Von alten Kleidungsstücken oder Gebrauchsgegenständen mag er sich nicht trennen. Er liebt Antiquitäten, pflegt alte Freundschaften und traditionelle Bräuche.

# Kapitel 2

## *2 – 0 – Narr*
## *Prinz Hamlet*

Ständig liegt er mit sich selbst im Kampf. Kaum hat er einen Entschluß gefaßt, da fallen ihm auch schon ein Dutzend stichhaltige Argumente ein, die ganz entschieden gegen das sprechen, was er eben noch großartig fand. Von außen betrachtet, kann es leicht den Anschein haben, als sei er ein passiver und ideenloser Mensch, ein öder Langweiler, der weder großartige Pläne schmieden kann noch irgend etwas Nennenswertes unternimmt.
Der äußere Schein ist trügerisch. In seinem Kopf wachsen Ideen und Pläne wie Unkraut auf einem Stück Brachland. Ein Gedankenleser, der das Innenleben des »Hamlet« erforschte, würde fasziniert sein von diesem Reichtum an theoretischen Überlegungen und kreativen Entwürfen.
Doch jedes »Ich will« in ihm wird sofort wieder durch ein »Ich sollte doch lieber nicht« neutralisiert. Wenn er eine Reise plant, hält ihn der Gedanke an mögliche Unfallgefahren davon ab, und er bleibt wie Oblomow daheim auf seinem sicheren Sofa hocken. Wenn er verliebt ist, zieht er es vor, geduldig zu warten, bis der beunruhigende Aufruhr seiner Gefühle wieder abgeklungen ist. Denn wer weiß? Die Angebetete könnte sich womöglich über ihn lustig machen und ihn bis auf die Knochen blamieren oder ihn durch Spott zutiefst kränken. Also kauft er vorsichtshalber lieber keine Rosen.

Es geht ihm wie Hamlet – im Prinzip weiß er ganz genau, was er eigentlich tun sollte; aber er tut es nicht, weil er zu lange überlegt, und ihm zu viele gute Gründe einfallen, die dagegen sprechen, aktiv zu werden. Er ist ein »Mann der unbegrenzten Möglichkeiten«, die allesamt an der Klippe seiner Grübelei zerschellen.

## *2 – I – Magier*
## *Der Doktor Faust*

Er hat die berühmten »zwei Seelen« in seiner Brust. All seine Intelligenz, seinen geballten Scharfsinn verwendet er in erster Linie darauf, ständig beide Seiten der Medaille gleichzeitig im Blick zu haben. Gefühl und Verstand liegen bei ihm oftmals in erbittertem Widerstreit. Sein Verstand trägt zumeist den Sieg davon, und zurück bleibt im »Doktor Faust« ein schaler Nachgeschmack des Gefühls, irgend etwas Bedeutsames in seinem Leben sei ihm entgangen.
Er ist ein faszinierender Diskussionspartner, dem es keinerlei Schwierigkeiten bereitet, sich in den gegnerischen Standpunkt hineinzuversetzen und von dort aus seinen Gesprächspartner leidenschaftlich, aber sehr tolerant in Grund und Boden zu argumentieren.
Wieviel er auch liest, wieviel Wissen und Informationen er auch ansammelt, irgend etwas in ihm bleibt doch immer unbefriedigt und schreit nach dem »ganz anderen«, nach unbekannten Erfahrungen, nach aufregenden Erlebnissen, nach einem Schlammbad im Morast verbotener Gefühle. Zwar glaubt er eigentlich nicht, daß jenseits seines beherrschenden Verstandes ganz andersartige Erfahrungen überhaupt möglich sind, aber insgeheim sehnt er sich exakt

nach solchen Erlebnissen, von denen er »offiziell« behaupten würde, sie hätten keinen »geistigen Nährwert« und wären daher pure Zeitverschwendung.
Instinktiv sehnt er sich nach seinem ganz persönlichen Mephisto, von dem er sich nur allzugern dazu verführen ließe, all seine gelehrte Bücherweisheit einmal zu vergessen.

## *2 – II – Hohepriesterin*
## *Die Fatalistin*

Menschen dieses Typus sind wie Schlafwandler, die durch das Leben wie durch einen wirren Traum stolpern. Nur in Ausnahmefällen entwickeln sie ein aktives Bewußtsein der Tatsache, daß sie ihres Glückes Schmied sind und ihr vermeintliches »Schicksal« selbst bestimmen können. Intuitiv fühlen sie sich einem allmächtigen Schicksal ausgeliefert, dessen Gesetze sie nicht verstehen, und dessen bisweilen grausame Folgerichtigkeit sie zutiefst verängstigt. Wenn ihnen in einem 4-Zeilen-»Horoskop« in der Zeitung ein schlimmes Unheil angekündigt wird, sind sie tagelang deprimiert und wagen sich kaum noch auf die Straße.
Sie agieren nicht, sie reagieren nur auf Außenreize oder Anforderungen, die von außen an sie herangetragen werden. Selten nur unterbreiten sie Vorschläge, so gut wie nie geht von ihnen eine spontane Begeisterung aus, die sich auf andere Menschen überträgt. Alles, was sie tun, ist immer wie eine Art Antwort auf die Handlungen anderer Menschen, und man fühlt sich an den Kinderreim erinnert: »Peter, Peter, wenn man schiebt, dann geht er.«
Sie glauben nicht an die menschliche Entscheidungsfreiheit; alles ist für sie »irgendwie« Karma und Kismet.

Esoterische Lehren üben eine magnetische Anziehungskraft auf sie aus und können sie in einen Taumel des Entzückens und der Begeisterung versetzen – vorausgesetzt allerdings, diese Lehren fordern den Menschen nicht zu selbstverantwortlicher Aktivität auf. Am liebsten ist es der »Fatalistin«, wenn ihr alle wichtigen Entscheidungen abgenommen werden. Sie stöhnt dann vielleicht ein bißchen unter der »Bevormundung«, aber im Grunde ist sie vollkommen zufrieden, wenn sie tun darf, was man ihr vorschreibt.

### *2 – III – Herrscherin*
### *Die Luxusfrau*

Sie hält sich für ein einzigartiges Geschöpf, edel und zerbrechlich wie ein kostbares Nippesfigürchen aus feinstem mundgeblasenen Muranoglas.
Man darf sie nicht hart anfassen, denn sonst geht sie kaputt. Man darf sie nicht kritisieren, denn sie ist ja überdurchschnittlich sensibel. Man darf sie nicht anbrüllen, denn sie könnte sich in ihrer Verzweiflung sonst glatt etwas antun, und dann säße man da mit seiner untilgbaren Schuld, die man auf sich geladen hätte.
Sie ist »zu gut für diese Welt«, und es gibt nur eine einzige Möglichkeit, sie »sachgemäß« zu behandeln: Man muß sie, während man sie auf Händen trägt, mit Ambrosia füttern und ihr den Nektarkelch reichen. – Eine Aufgabe, vor der selbst der begnadetste Akrobat kapitulieren dürfte, es sei denn, eine Laune der Natur hat ihn mit den vielen Armen der Kali ausgestattet.
Sie ist das Vöglein im goldenen Käfig, die Mimose im juwelenbesetzten Blumentopf. Daß ihr ein erschütternder

Tränenausbruch im rechten Moment zu ihrem vermeintlichen Recht verhelfen kann, weiß sie ganz genau. Ein melancholischer Blick zum Röhrchen mit den Schlaftabletten und ein Seufzer über die Unzumutbarkeit eines Lebens in dieser garstigen Welt haben ihr schon oftmals zum geforderten Nerz oder Porsche-Cabrio verholfen.
Der männliche Vertreter dieses Typus sucht in den Frauen immer die beschützende Mutter, die ihn verhätschelt und ihm jeden Wunsch von den Augen abliest.
Menschen mit dieser Kombination sehnen sich nach einem starken, dominierenden Partner, dem sie kindliche Liebe und aufrichtige Bewunderung entgegenbringen können.

## *2 – IV – Herrscher*
## *Der Nietzscheaner*

Sein erster Schrei, den er als Neugeborener dem Arzt oder der Hebamme entgegenschmettert, ist seine ganz persönliche Kriegserklärung an das Böse in der Welt. Das Leben ist für ihn ein Kampf, und die Geschichte der Menschheit begreift er als endlose Wiederkehr des ewig Gleichen, nämlich des Kampfes um die Macht. Sozialdarwinistische Gedankengänge sind ihm nicht fremd. »Wer gewinnt, der hat recht.« »Die Sieger schreiben die Geschichte.« – Solche kernigen Sätze liebt er, auch wenn er es nicht zugibt. An Sportveranstaltungen faszinieren ihn in erster Linie die Siegerehrungen, die Triumphe des Helden über die geschlagenen Konkurrenten. Wenn der Fernsehkommissar die Verbrecherbande entlarvt hat, empfindet er persönliche Befriedigung. »Gewonnen!« denkt er, und glücklich lehnt er sich im Sessel zurück.

Er braucht immer einen Gegner, an dem er sich messen kann, denn in seinem Gegner sieht er all die Eigenschaften verkörpert, die ihm bekämpfenswert erscheinen. Wenn er sich fragt, wer er eigentlich ist, kann er mit der Antwort aufwarten: »Ich bin nicht wie DER.« Das genügt ihm an Selbsterkenntnis.
Die Welt untergliedert sich für ihn fein säuberlich in Schwarz und Weiß, Gut und Böse, Yin und Yang. Den »Kampf« zwischen Yin und Yang, so seine felsenfeste Überzeugung, wird selbstverständlich Yang gewinnen. Daß ein harmonisches, dynamisches Gleichgewicht der Gegensätze erst das Bestehen der Welt garantiert, und daß die Vernichtung des »Bösen« unweigerlich das Ende des »Guten« bedeuten würde, leuchtet ihm nicht ein.

## *2 – V – Hierophant*
## *Das Vorbild*

Er hält nicht viel von großen Worten und wohltönenden Sonntagsreden. Alle reden von der Luftverschmutzung – er fährt wieder Fahrrad. Alle jammern über die zunehmende Gewässerverunreinigung – er benutzt nur noch grüne Seife. Alle beklagen die Anonymität der Großstädte – er kennt seine Nachbarn und grüßt sie mit Namen.
Gutgemeinte Lippenbekenntnisse wird man von ihm nicht zu hören bekommen. Er ist kein großer Volkstribun, kein Demagoge, der die Massen begeistert und die Macht des Wortes in den Dienst seiner persönlichen Interessen stellt. Wenn er meint, daß bestimmte Dinge ganz konkret verändert werden müssen, fängt er bei sich selbst an. Er redet nicht darüber, was man tun müßte, sondern er tut, was er

selbst im Rahmen seiner Möglichkeiten tun kann. Während andere in der Theorie schwelgen, schreitet er zur Tat. Innerhalb seines Wirkungskreises geht er mit gutem Beispiel voran.
Sein missionarischer Eifer ist äußerst gering. Er will nicht durch Worte, sondern durch Taten überzeugen. Indem er anderen Menschen im Alltag vorlebt, daß jeder einzelne einen wertvollen Beitrag zur Behebung von Mißständen leisten kann, gibt er Orientierungshilfen und erfüllt eine Vorbildfunktion.
Durch Aufrichtigkeit, Konsequenz und persönliche Integrität gewinnt er Glaubwürdigkeit.
Menschen mit dieser Kombination verschaffen sich Respekt und Autorität durch ihre Geradlinigkeit. Man findet viele »stille Wasser« unter ihnen, die in hitzigen Diskussionen nur ungern das Wort ergreifen, deren Meinung aber etwas gilt, wenn sie sich zu einem Thema äußern.

## *2 – VI – Liebende*
## *Der schwarze Schimmel*

Was er nicht mit eigenen Augen gesehen hat, das glaubt er nicht. Dinge, für die es keine stichhaltigen Beweise gibt, hält er schlichtweg für inexistent. Dies alles scheint ihn als einen handfesten Pragmatiker auszuweisen; doch nichts ist er weniger als das.
Er lebt in permanentem Widerspruch zu sich selbst; seine Grundsätze stimmen nur selten mit seinen Handlungen überein. Wenn von »Sachzwängen« die Rede ist, ergeht es ihm wie Petrus beim dritten Hahnenschrei: Er verleugnet seine Überzeugungen und mit ihnen auch sich selbst.

Der »schwarze Schimmel« kann zu denjenigen Zeitgenossen zählen, die mit bewundernswertem Scharfsinn die Fehler und Dummheiten anderer Menschen entlarven, ihren eigenen menschlichen Schwächen aber blind gegenüberstehen. – Dies nicht etwa aus Borniertheit oder Arroganz, sondern weil sie tatsächlich völlig außerstande sind, ihre eigenen Fehler selbst zu erkennen. Macht man sie darauf aufmerksam, zeigen sie sich im ersten Moment zwar völlig verblüfft, im zweiten aber aufgeschlossen und durchaus fähig zur Selbstkritik.
Es hat mitunter den Anschein, als verschwendete der »schwarze Schimmel« seine intellektuelle Kapazität damit, andere Menschen zu analysieren, so daß ihm weder Zeit noch Kraft zur Selbsterkenntnis bleibt.
Zum Typus des »schwarzen Schimmels« zählen so skurrile Persönlichkeiten wie der kranke Arzt, der atheistische Pfarrer, der antialkoholische Schankwirt, der analphabetische Schriftsteller und der vegetarische Metzgermeister – sie alle haben eines gemeinsam, sie sind etwas, was es gar nicht geben dürfte: »schwarze Schimmel«.

## *2 – VII – Wagen*
## *Der Verdoppler*

Was er hat, das hat er meistens doppelt: Auto und Zweitwagen, Haus und Zweitwohnung, Brille und Ersatzbrille, Hauptberuf und Nebenberuf, Frau und Nebenfrau, Leben und Doppelleben – es ist beinahe, als habe er irgendwo auf der Welt noch einen Doppelgänger, einen bei der Geburt entführten Zwillingsbruder, der ein zweites Leben für ihn lebt.

Im Hauptberuf kann er ein braver Buchhalter sein, eine »graue Maus« mit sauber gezogenem Scheitel oder vorbildlichen Bügelfalten in der Hose, während er sich nachts in verräucherten Spielhöllen herumtreibt und als gefürchteter Poker- oder Billardpartner gilt.
Die brave Hausfrau, die tagsüber beim Einkaufen über die Wettervorhersage plauscht, kann sich abends in einen aufregenden Vamp verwandeln und im »kleinen Schwarzen« begehrliche Blicke auf sich ziehen.
Der »Verdoppler« ist instinktiv darum bemüht, daß er immer die doppelte Portion von allem bekommt: das doppelte Gehalt, das doppelte soziale Ansehen, das doppelte Vergnügen, aber auch den doppelten Ärger und Verdruß.
Am wohlsten fühlt er sich, wenn er zwei Dinge gleichzeitig tun kann.
Im Grunde kann man ihn als ein Zwillingspärchen bezeichnen, das das Pech hat, sich einen einzigen Körper teilen zu müssen.

## *2 – VIII – Kraft*
## *Die Rosinenpickerin*

Wenn das Leben ein großer Kuchen ist, dann ist sie die Rosinenpickerin, die sich mit spitzen Fingern ganz gezielt die Rosinen aus dem Teig stibitzt. Jedes Ding hat für sie zwei Seiten, die sie beide in aller Deutlichkeit erkennt. Treffgenau und messerscharf zieht sie ihre pfiffigen Konsequenzen daraus und entscheidet sich immer für die Schokoladenseite.
Selbst Enttäuschungen und Niederlagen sind für sie nützliche Erfahrungen, denen sie eine gute Seite abgewinnen

kann, indem sie daraus lernt und zu wertvollen Einsichten gelangt.
Während andere Menschen glauben, immer nur von zwei Übeln das kleinere auswählen zu dürfen, sucht sie sich von zwei vergnüglichen Dingen das amüsantere aus. Sie ist eine geborene Lebenskünstlerin. Ihre Gläser sind nie halbleer, sondern immer halbvoll. Wenn zwei sich streiten, ist sie die lachende Dritte.
Aus den Meinungsverschiedenheiten anderer Menschen hält sie sich nach Möglichkeit heraus – nicht etwa aus Feigheit, sondern weil sie sich strikt weigert, mit mißvergnüglichen Konflikten behelligt zu werden. Sie ist tolerant genug, anderen Menschen ihren täglichen Frust zuzubilligen, solange niemand von ihr verlangt, daß sie ebenfalls mit einer Leichenbittermiene und Magengeschwüren durchs Leben stolpern soll.
Menschen mit dieser Kombination wird oft der Vorwurf gemacht, sie seien oberflächlich, vergnügungssüchtig und trügen eine »rosa Brille«. Doch solch ein Vorwurf fällt auf seinen Urheber zurück und entlarvt ihn als einen bemitleidenswerten Zeitgenossen, der Trübsinn und Tiefsinn miteinander verwechselt.

## *2 – IX – Eremit*
## *Der Gelackmeierte*

Wenn ein Gastgeber zufällig eine unter Dutzenden von Einladungskarten zur Post zu bringen vergißt, dann kann man mit an Sicherheit grenzender Wahrscheinlichkeit davon ausgehen, daß der »Gelackmeierte« sie bekommen sollte. Wenn eine Reisegesellschaft aus dem Ausland zu-

rückkehrt und alle Reisenden in ihrem Gepäck ein Fläschchen zuviel durch den Zoll schmuggeln wollen, dann ist klar, wessen Koffer stichprobenartig geöffnet wird.
Wenn beim Schiffsuntergang ein einziger Passagier keinen Platz mehr in dem Rettungsboot findet, dann trifft es ihn. Wenn er an die Bushaltestelle gelaufen kommt, fährt der Bus leider gerade ab. Wenn er an der Theaterkasse Schlange steht, kann er sicher sein, daß, sobald er an die Reihe kommt, der Schalter geschlossen wird und man ihm das Schild »Ausverkauft« vor die Nase hängt.
Hat er eine Freundin, so kann man Wetten darauf abschließen, daß sie seinen besten Freund heiraten wird. Eine Tombola, bei der er den Haupttreffer zieht, kann nur eine kostenlose Führung durch das städtische Fundbüro oder drei Zentner Vanillepudding-Pulver als ersten Preis haben.
Weibliche wie männliche Vertreter dieses Typus haben im Regelfall ein geradezu tragikomisches Pech in der Liebe, ehe sie nach tausend aufreibenden Umwegen endlich den richtigen Partner finden. Zu den weiblichen »Gelackmeierten« zählt die sprichwörtliche Braut, die mutterseelenallein vor dem Altar steht, weil ihr künftiger Ehemann eine falsche Eintragung in seinem Terminkalender vorgenommen hat.

## *2 – X – Schicksalsrad*
## *Der Pechvogel*

Morgens verläßt er bei strahlendem Sonnenschein das Haus, um an der übernächsten Straßenecke von einem unerwarteten Regenguß durchnäßt zu werden. Kein Fettnäpfchen, in das er nicht durch eine unglückselige Verkettung widriger Zufälle hineinträte. Trotzdem wird man kaum jemanden finden, der so felsenfest an das Glück glaubt wie er. Er träumt von sechs Richtigen im Lotto, an jedem Preisausschreiben und jeder Verlosung nimmt er teil und gewinnt doch selten mehr als ein Probefläschchen Rasierwasser oder ein Dampfbügeleisen.

Er glaubt nicht an Fleiß und Leistung, sondern an Zufall und Schicksal. Wenn man ihn fragt, weshalb seine ehemaligen Mitschüler ein Eigenheim mit Sauna und Swimmingpool besitzen, während er noch immer in einer engen Mietwohnung hockt, einen Gebrauchtwagen fährt und seinen Urlaub im Harz verbringt, die anderen dagegen im weichen Südseestrand bunte Cocktails schlürfen, so wird er antworten: Sie haben eben Glück gehabt.

Erfolg und Mißerfolg, Glück und Unglück sind für ihn wie die Treffer und Nieten in einer großen Lotterie des Lebens oder die Würfel-Ergebnisse eines gigantischen Monopoly-Spiels, in dem anstatt Spielgeld echte Banknoten verwendet werden.

Wer ihm erzählt, jeder sei seines Glückes Schmied, muß damit rechnen, schallend vom »Pechvogel« ausgelacht zu werden.

Nicht selten geschieht es, daß sich die Träume eines »Pechvogels« erfüllen, und Fortuna tatsächlich aus unerfindlichen Gründen ihr Füllhorn über ihn ausschüttet. Niemand kann mißmutiger und deprimierter sein als ein »Pechvogel«, der über Nacht zum Millionär geworden ist. Er wird keine Mühen und Anstrengungen scheuen, wieder den liebgewordenen Ausgangszustand herbeizuführen.

## *2 – XI – Gerechtigkeit*
## *Die Pazifistin*

Sie kann buchstäblich keiner Fliege etwas zuleide tun. Hat sich ein armes Insekt in ihre Wohnung verirrt, öffnet sie alle Fenster, damit das Tierchen wieder hinausfliegen kann.

Bisweilen gleicht sie dem Herrn Biedermann aus Max Frischs »Biedermann und Brandstifter« – ihr Bemühen um faire Kompromisse und ihre Versuche, allen Menschen gerecht zu werden, übt eine magnetische Anziehungskraft auf unverschämte Querulanten aus, die ihr mit überzogenen Forderungen das Leben zur Hölle machen können. Dann gerät sie in Panik und läuft umher wie ein gehetztes Tier, denn sie lehnt es grundsätzlich ab, mit der Faust auf den Tisch zu schlagen und sich der Quälgeister zu entledigen. Daß ihre Kompromißbereitschaft nur allzu leicht als Schwäche und ihre geduldige Nachsicht als Dummheit mißdeutet werden kann, leuchtet ihr nicht ein.

Ihr Wunsch nach Harmonie ist größer als ihr gesunder Selbsterhaltungstrieb. Nie käme es ihr in den Sinn, für ihre legitimen Rechte zu kämpfen oder jemandem den Fehdehandschuh vor die Füße zu schleudern. Als »stille Dulderin« ist sie unübertroffen. Mit wahrer Engelsgeduld läßt sie sich ausnutzen und beschimpfen, und Undank zu ernten, ist für sie die selbstverständlichste Sache der Welt.

Menschen mit dieser Kombination möchten es anderen immer recht machen. Sie werden nicht selten als Prügelknaben und Sündenböcke mißbraucht, und wenn ihnen der Schwarze Peter zugeschoben wird, nehmen sie ihn klaglos entgegen. Sie sind wie die Befürworter der antiautoritären Erziehung, die freundlich lächelnd zusehen, wie ihre lieben Kleinen die Tapeten mit Filzstiften bemalen und mit dem Küchenmesser Wohnzimmersessel aufschlitzen, um nachzusehen, wie ein Sessel von innen aussieht.

## *2 – XII – Gehängter*
## *Der Gefährdete*

Er gilt als hochgradig sensibel, und wer nicht jedes Wort gewissenhaft auf die Goldwaage legt, bevor er es ausspricht, kann den »Gefährdeten« ungewollt und unbewußt tief verletzen. Selbstzweifel, Melancholie und unerklärliche Trauer bestimmen seinen Alltag. Noch im Alter von fünfzig Jahren kann er um sein Meerschweinchen weinen, das er zur Einschulung geschenkt bekommen hat, und das von Nachbars blutrünstigem Dackel gebissen worden ist.
Was andere Menschen als Lappalie abtun, kann sich für ihn zu einem unlösbaren Problem auswachsen. Seine Sicht der Dinge gleicht einem gigantischen Vergrößerungsglas. Jeder Mücke, die unter das Vergrößerungsglas seiner Einbildungskraft gerät, wird sogleich zum Elefanten.
Im Prinzip strebt er nach Macht, und insgeheim sehnt er sich danach, über andere Menschen zu herrschen. Wo andere wie ein Stier brüllen oder mit der geballten Faust drohen, da setzt er weitaus brutalere Kampfmittel ein: Tränen und Selbstmorddrohungen. Allerdings wird man von ihm nie einen solch plumpen und banalen Satz hören wie: »Ich bring mich um!« Er droht eher sanft und leise wie ein Christian Buddenbrook, indem er traurig murmelt: »Ich kann es nun nicht mehr.«
Menschen mit dieser Kombination leben nach dem Motto:

»Das weiche Wasser bricht den Stein.« In ihren Familien bilden sie meist das Zentrum, um das sich alles dreht. Irgendwie gelingt es ihnen immer, ihren Willen durchzusetzen und sich das schlechte Gewissen ihrer Mitmenschen zunutze zu machen. Daß unter der weichen Schale ein steinharter Kern verborgen sein kann, ahnt kaum jemand.

## *2 – XIII – Tod*
## *Die Stütze der Gesellschaft*

Er läßt sich nichts zuschulden kommen. Selbst für die Flensburger Autosünder-Kartei ist er ein unbeschriebenes Blatt, denn er würde nie im Halteverbot parken. An das Finanzamt überweist er lieber eine Mark zuviel als eine zuwenig.

Er ist ein anständiger, hochmoralischer Mensch – nicht eigentlich aus Überzeugung, sondern weil er in ständiger Angst vor einer eventuellen Bestrafung lebt. Er ist ehrlich, weil er Angst hat, er könnte bei einer Lüge ertappt werden. Er ist treu, weil er fürchtet, man könnte ihn beim Seitensprung in flagranti erwischen. Die Kirschen in Nachbars Garten verlocken zwar auch ihn, aber er bleibt standhaft und widersteht. Er respektiert die Tabus, und vor der unsichtbaren Grenze zwischen dem gerade eben noch Erlaubten und dem bereits Verbotenen bleibt er stehen und kehrt um.

Er ist ein Mensch, der das Beständige liebt und jede Veränderung als eine potentielle Bedrohung empfindet.

Guten Gewissens kann man ihm Frau, Kind, Auto, Sparbuch, Familienschmuck und Wertpapiere anvertrauen – man wird alles vollzählig und unversehrt zurückerhalten.

Die Erklärungen seiner Eltern, daß artige Kinder belohnt und ungezogene Kinder bestraft werden, haben sich unauslöschlich in seine Seele geätzt und dienen ihm als goldener Leitfaden, an dem er sich durch das Leben hangelt.
Er ist ein gesetzestreuer Bürger, ein loyaler Mitarbeiter und ein zuverlässiger Freund, ein zweibeiniges Bollwerk gegen Anarchie und Verwilderung der guten Sitten. Seine Definition von Gut und Böse ist simpel, aber pragmatisch: »Gut ist, wer nichts Verbotenes tut.« Ein Volk, das nur aus Bürgern wie ihm bestünde, ist der Traum aller Tyrannen und Diktatoren.

## *2 – XIV – Alchemie*
## *Der Androgyn*

Er ist eine faszinierende Erscheinung, denn innerhalb seiner Persönlichkeit vereinigen sich die Gegensätze. Tradition und Fortschritt, Nutzen und Schönheit, Geld und Geist, Macht und Menschlichkeit, Männlich und Weiblich, Alter und Jugendlichkeit, Durchsetzungskraft und Nachsicht, Bewußtsein und Unterbewußtsein, Verstand und Gefühl, Intellekt und Intuition – all diese Gegensätze verwandeln sich zu harmonischen Elementen seines Charakters, die nicht miteinander im Widerstreit liegen, sondern sich gegenseitig wunderbar ergänzen.
Nichts Menschliches ist ihm fremd. Während andere Menschen sich in beständigen seelischen Konflikten aufreiben und unter dem Gefühl einer inneren Spaltung leben, ist er ganz eins mit sich. Er denkt nicht nach dem »Entweder-oder-Schema«, sondern findet immer eine gute Möglichkeit für das »Sowohl-Als-auch«.
Er steht zu sich selbst, zu seinen Fehlern und Schwächen.

Es gelingt ihm, ein selbstbewußtes »Ja« auch zu denjenigen unter seinen Eigenschaften zu sagen, derer sich andere Menschen schämen würden. Klischees und Idealbildern gerecht zu werden, ist nicht sein Ehrgeiz. Die Aufrichtigkeit und Toleranz, die er sich selbst gegenüber an den Tag legt, hebt ihn weit über all die kleinen Heuchler, die es für eine Tugend halten, die dunklen Seiten ihrer Persönlichkeit bewußt zu ignorieren. »Leben und leben lassen« ist seine Devise.

Menschen mit dieser Kombination verfügen über Zivilcourage und Souveränität. Nie wird man unter ihnen bornierte Fanatiker und engherzige Spießer finden. Ihre gesunde Selbstironie schützt sie vor selbstgefälliger Überheblichkeit, die aller Dummheit Anfang ist.

## *2 – XV – Teufel*
## *Der Mitläufer*

Nichts fürchtet er so sehr wie das Gerede der Leute. Er möchte nicht unangenehm auffallen, sondern stets nur den besten Eindruck bei anderen Menschen hinterlassen. Stundenlang kann er sich das arme Hirn darüber zermartern, was wohl sein Nachbar von ihm hält, und wie wohl der Frisör an der Ecke über ihn denkt. Lieber frißt er einen lebendigen Frosch, als daß er das Risiko eingeht, für eine feige Memme gehalten zu werden. Um nicht als armer Schlucker zu gelten, der sich nichts leisten kann, nimmt er Kredite auf und stellt sich ein neues Auto vor die Haustür.

Den weiblichen Vertreter dieses Typus hat Erich Kästner in seinem Gedicht »Sogenannte Klassefrauen« treffend

charakterisiert: »Plötzlich färben sich die Klassefrauen, / weil es Mode ist, die Nägel rot! / Wenn es Mode wird, sie abzukauen / oder mit dem Hammer blauzuhauen, / tun sie's auch. Und freuen sich halbtot.«
Der »Mitläufer« will den anderen immer beweisen, daß er »dazugehört«. Vom schönen Schein läßt er sich blenden, und was die anderen haben, das will auch er besitzen. Oft glaubt er, sich durch Draufgängertum vor den anderen legitimieren zu müssen, damit niemand merkt, wie sensibel und unsicher er im Grunde ist. Bisweilen kann er eine geradezu münchhausenhafte Phantasie entwickeln, um andere Leute davon zu überzeugen, was für ein toller Kerl er ist. Soziales Prestige und Statussymbole, Anerkennung und das wohlige Zugehörigkeitsgefühl zu einer starken Gruppe dienen ihm als Ersatz für seinen Mangel an Selbstsicherheit. Daß jemand ihn bedingungslos akzeptieren, ihn weder nach seiner Kleidung noch nach seinem Besitz beurteilen und ihn einfach so mögen könnte, wie er ist, das sprengt den Rahmen seiner Vorstellungskraft.

## *2 – XVI – Turm*
## *Der Zögerer*

Ehe er sich dazu durchgerungen hat, in der Disco ein Mädchen, das ihm gefällt, zum Tanzen aufzufordern, trifft sie bereits die Vorbereitungen für ihre Silberhochzeit. Durch ständiges Beobachten und Abwarten verschenkt er die schönsten Chancen. Die Zeit rinnt ihm wie feiner Sand durch die Finger, und wenn er sich endlich entschlossen hat, auf ein verlockendes Angebot einzugehen, ist ihm längst ein anderer zuvorgekommen.

Durch Zaudern, Zögern und Zagen fügt er sich selbst den größten Schaden zu. Seine unbewußte Angst davor, Fehler zu machen, zwingt ihn zum Nichtstun. Weil nur derjenige, der etwas auf die Beine stellt, auch Fehler machen kann, hält er es für klüger, Fehler durch konsequente Passivität zu vermeiden. Eines Morgens wacht er auf und merkt, daß er ein alter Mann geworden ist. Wenn er dann die Bilanz seines Lebens zieht, packt ihn das kalte Grausen. »Das kann doch nicht alles gewesen sein!« summt er dann mißmutig vor sich hin – und wartet erst einmal in Ruhe ab, was wohl als nächstes passieren wird.
Wenn irgendwann Freund Hein an seine Tür pocht, überlegt er so lange, ob er ihn hereinlassen soll, daß der Sensenmann ungeduldig wird und sich statt dessen lieber den Nachbarn holt. Menschen mit dieser Kombination können weit über hundert Jahre alt werden, denn sie haben es weder mit dem Leben noch mit dem Sterben besonders eilig. Sie gelten als die »Entdecker der Langsamkeit« und bilden mit hyperaktiven, etwas leichtsinnigen Menschen ein unschlagbares Team, denn sie sind die zuverlässige Bremse, die ein hochgezüchteter Motor braucht.

## *2 – XVII – Stern*
## *Die Träumerin*

Sie vollzieht die »Flucht nach innen«, begibt sich in die »innere Emigration« und zieht sich gern in ihr kleines Schneckenhäuschen zurück. Die Ursachen für Pannen, Mißgeschicke und Enttäuschungen sucht sie immer zuerst bei sich selbst. Kostbare Zeit vergeudet sie mit unnützer Grübelei über Fehler, die sie in der Vergangenheit gemacht haben könnte.

Sie träumt vom Prinzen, der auf einem weißen Pferd geritten kommt und sie aus dieser miesen, gemeinen Welt in ein besseres Land entführt. Wenn behauptet wird, diese Welt sei in Wahrheit die Hölle höherentwickelter Welten oder fortgeschrittenerer Galaxien, dann stimmt sie vorbehaltlos zu. Sie hat das Lebensgefühl der Figuren aus den Werken Franz Kafkas; anonyme Mächte, deren Ziele unbegreiflich und deren Vorgehensweisen gnadenlos sind, scheinen ihr bisweilen die eigentlichen Herren dieser Welt zu sein. Manchmal hofft sie, das Leben sei nur ein böser Alptraum, aus dem man irgendwann wieder erwachen wird.
Sie kann hinreißend schöne Gedichte schreiben oder phantastische Bilder malen. Ihre überdurchschnittliche Begabung, gepaart mit einem hohen Grad an Kreativität, Sensibilität und Phantasie können sie zu einer bedeutenden Künstlerin machen, die anderen Menschen das Tor zu einer völlig neuen Wahrnehmung und zu einer verfeinerten Sichtweise der Dinge eröffnet. Sie braucht einen »starken Beschützer«, der ihr die Widrigkeiten des banalen Alltags vom Leib hält – erst dann zeigt sich, was an großartigen Fähigkeiten und vielfältigen Talenten in ihr schlummert.

## *2 – XVIII – Mond*
## *Der Schlafwandler*

Manchmal hat er das Gefühl, als stünde zwischen ihm und der Außenwelt eine halbunsichtbare Wand aus Milchglas. Dann scheint es ihm, als sei er der Hauptdarsteller in einem tiefsinnigen Psycho-Film, dessen Inhalt er nicht versteht. Oberflächlicheren Menschen, die ein »dickeres Fell« entwickelt haben, steht er mit einer Mischung aus Neid und

Unverständnis gegenüber. Es gibt Augenblicke, da würde er am liebsten die anderen Menschen bei den Schultern packen und brüllen: »Ja, siehst du denn nichts? Begreifst du denn nichts?« Doch er weiß sich zu beherrschen, und ein knarrendes Stimmchen in ihm verhöhnt ihn: »Wer im Glashaus sitzt, soll nicht mit Steinen werfen!«

Gern gibt er sich Tagträumen hin. Der »Schlafwandler« kann in Gedankenbildern schwelgen, die erschreckend reale Gestalt haben. Unter seinen Blicken verwandelt sich der Weidenbaum in einen buckligen Rübezahl, in den Umrissen der Wolken erkennt er die Profile schwebender Giganten, und im plärrenden Kind an der Hand einer ungeduldigen Mutter sieht er die kleine Prinzessin, die von der bösen Hexe entführt wurde.

Manchmal fällt es ihm nicht ganz leicht, zwischen Wunschdenken und Wirklichkeit zu unterscheiden. Er glaubt an das Gute im Menschen und wird doch immer wieder bitter enttäuscht. Er ist der Baumeister eines neuen Schlaraffenlandes, der Architekt einer menschlicheren Welt, und verspürt wenig Lust, sich mit realen Konflikten zu belasten. Es ekelt ihn, in den Fernsehnachrichten Tag für Tag Hiobsbotschaften zu hören und Bilder des Grauens in sich einströmen zu lassen. Zwischen Bierflasche und Wurstbrot hier ein Häppchen Krieg und da ein Häppchen Folter zu konsumieren, bringt er nicht fertig.

## *2 – XIX – Sonne*
## *Der Adabei*

Menschen dieses Schlages findet man immer im Schlepptau der Großen dieser Welt. Vor ein paar Jahrhunderten bildeten sie den Hofstaat der Könige, heute sind sie Mitglieder der Ersatz-Großfamilien der Genies und Größen, der Mächtigen und Künstler.
Ihre Leistung besteht darin, daß sie bereit sind, für eine gewisse Zeit auf eine eigene Karriere zu verzichten und sich ganz in den aufopfernden Dienst ihres »Herrn« zu stellen. Sie sonnen sich im Ruhm des anderen und fühlen sich pudelwohl dabei.
Wo etwas los ist, wo gefeiert wird, wo Entscheidungen getroffen und die Weichen für die nächsten Jahre gestellt werden – irgendwie sind sie immer auch dabei oder befinden sich im nächsten Umfeld derer, die im Rampenlicht stehen.
Nicht selten bringt es der »Adabei« zu Ruhm, Reichtum und Ansehen, ganz einfach deshalb, weil er der Mann, die Frau, das Kind oder der engste Berater einer großen Persönlichkeit war. Der »Adabei« hat mit Konrad Adenauer im Sandkasten gespielt, war die erste große Liebe von Che Guevara oder ein Klassenkamerad von John Lennon. Er hat Mick Jagger im Kindergarten verhauen oder Karajan bei den Mathematikarbeiten in der Schule immer abschreiben lassen.
Wehe der Berühmtheit, über die der »Adabei« eine Biographie verfaßt – da kommen Einzelheiten an die Öffentlichkeit, die sich nur selten mit dem Image des »Großen Meisters« vereinbaren lassen.
Gleichgültig, welchen Rang der »Adabei« in der Gesell-

schaft auch einnimmt, er befindet sich immer in nächster Nähe von bedeutsamen Persönlichkeiten des öffentlichen Lebens. Dieser glückliche Umstand verschafft ihm eine Vielzahl von Vorteilen und Privilegien, um die ihn andere Menschen beneiden.

## *2 – XX – Aeon*
## *Das ewige Kind*

Das »ewige Kind« scheut instinktiv davor zurück, Entscheidungen zu treffen. Allein schon der Gedanke daran, für eine Fehlentscheidung alleinverantwortlich geradestehen zu müssen, versetzt es in Panik. Am liebsten ist es ihm, wenn immer jemand da ist, der ihm genau sagt, was es zu tun, zu denken und zu mögen hat.

Mit kindlicher Naivität glaubt es, was in der Zeitung steht. Es schaut respektvoll zu den Autoritäten auf, bewundert die Politiker, Ärzte und Professoren, ist überzeugt von der Unfehlbarkeit des Papstes, und es erfüllt sein Herz mit tiefer Dankbarkeit, daß es Menschen gibt, die so selbstlos und edelmütig sind, für ihn die Last der Verantwortung auf sich zu nehmen, indem sie ihm als Chefs, Regierungsmitglieder oder Verwaltungsbeamte die Richtlinien seines Handelns vorschreiben.

Als Alternativer oder Intellektueller gibt sich das »ewige Kind« sozialkritisch und autonom. Was es jedoch im Brustton der Überzeugung als seine eigene Meinung von sich gibt, ist im Regelfall nur eine geraffte Kurzfassung von Büchern der derzeit modernen Philosophen und Vordenker, denen es blind vertraut.

Menschen mit dieser Kombination klammern sich gern an

starke Persönlichkeiten. Als Frau sucht das »ewige Kind« einen Partner, der ihr Vater sein könnte; männliche Vertreter dieser Kombination können sich ihr Leben lang nicht den Fangarmen ihrer dominanten Mutter entwinden.

## *2 – XXI – Universum*
## *Der Richter*

Er ist ein moderner Salomo und vermag jeden Streit zu schlichten. Er findet geniale Kompromisse und formuliert »Friedensverträge«, die den zerstrittenen Parteien goldene Brücken bauen. Seine Fähigkeit, allen Menschen gerecht zu werden, ist unübertroffen.

Sein Denken bewegt sich in historischen Dimensionen, und auch im Alltag beweist er durch eine prallgefüllte Vorratskammer und eine kleine Rücklage auf dem Sparbuch, daß er über den Tag hinaus auch an die Zukunft denkt. Sowohl seine Vorsorgemaßnahmen für die Zukunft als auch sein Interesse an historischen Themen verweisen auf seine Schwierigkeiten, ganz bewußt im Hier und Jetzt zu leben. Das Gestern und das Morgen üben eine größere Faszinationskraft auf ihn aus als das Heute.

Viele Vertreter dieses Typus empfinden sich als Mitglieder der letzten vorapokalytischen Generation; der eher optimistisch eingestellte »Richter« sieht sich als einer der ersten Bewohner des Neuen Zeitalters. Beiden gemeinsam ist die bewußt historisch definierte Abgrenzung zur Generation ihrer Eltern oder Großeltern.

Der »Richter« ist fair und tolerant. Fremden Kulturen gegenüber zeigt er sich aufgeschlossen und interessiert. Indem er andere Völker und Mentalitäten kennenlernt, lernt er auch etwas über sich selbst und relativiert seine eigenen Anschauungen. Häufig packt ihn das Fernweh, die Reiselust kommt mit voller Wucht über ihn, und er packt seine Koffer, um ferne Länder aus der Nähe zu besehen und von Menschen, die ein vollkommen anderes Leben führen als er selbst, etwas zu lernen. Wie exotisch auch der Alltag in Bottrop, wie faszinierend anzuhören die Erlebnisse des Bauern im Allgäu sind, wird ihm vermutlich ewig verborgen bleiben.

# Kapitel 3

## *3 – 0 – Narr*
## *Der Eisbrecher*

Er trägt sein Herz auf der Zunge. Immer sucht er das Gespräch mit anderen Menschen, sei es im Bus, im Supermarkt oder beim Zahnarzt im Wartezimmer. Kaum sieht er einen Menschen, der ihm sympathisch erscheint, überfällt ihn die unbändige Lust auf ein Schwätzchen. Er bringt es fertig, einem Wildfremden seine komplette Lebensgeschichte mit allen Höhen und Tiefen, Erfolgen und Niederlagen innerhalb weniger Minuten zu erzählen.
Aus seinem Herzen macht er keine Mördergrube. Er kann weder schweigen noch lügen. Was er denkt, das spricht er offen und ehrlich aus, ohne sich unnötige Gedanken darüber zu machen, daß er auch einmal gewaltig ins Fettnäpfchen treten könnte. Manche Leute halten ihn vielleicht für eine Nervensäge, aber jeder sieht ihm an, daß er eine grundehrliche Haut ist und es auf seine Art immer gut mit anderen Menschen meint.
Unbefangen geht er auf andere Menschen zu. Die Anonymität der Großstädte birgt für ihn keinerlei Gefahr der Vereinsamung in sich – im Gegenteil: Je mehr Menschen auf engem Raum leben, desto größer ist für ihn die Chance, jeden Tag viele neue Bekanntschaften zu machen.
Nichts findet er so faszinierend wie andere Menschen; es interessiert ihn brennend, wie sie leben, was sie fühlen, wie sie denken, was sie hoffen und wovor sie sich fürchten.

Entdeckt er gedankliche Übereinstimmungen zwischen sich selbst und einem Fremden, gerät er in helles Entzükken, denn im Grunde ist er felsenfest davon überzeugt, daß alle Menschen im Kern gleich sind. Sein Motto könnte lauten: »Wir sind alle Menschen, warum sollten wir also nicht Freunde sein?«
Menschen mit dieser Kombination brechen das Eis des Schweigens, das immer dann herrscht, wenn niemand sich traut, ein Gespräch zu beginnen. Mit ihrer liebenswerten Unkompliziertheit geben sie selbst den verzagtesten Mauerblümchen den Mut, ihre Schüchternheit zu überwinden und aus dem gläsernen Gefängnis der stummen Isolation herauszutreten.

## *3 – I – Magier*
## *Der große Kommunikator*

Er ist der perfekte Repräsentant einer Idee oder einer Organisation. Man schickt ihn immer dann an die »vorderste Front«, wenn es darum geht, anderen Menschen bestimmte Sachverhalte möglichst schmackhaft zu machen. Wenn überzeugendes Auftreten gefordert wird, ist seine große Stunde gekommen. Wo andere verlegen hüsteln, sich räuspern, umständlich die Brille putzen und panisch nach den richtigen Worten suchen würden, da lockert er die verkrampfte Stimmung erst einmal durch eine witzige Bemerkung auf.
Sein Charme und seine Intelligenz, gepaart mit Selbstbewußtsein und Wortgewandtheit, öffnen ihm jede Tür. Er findet immer den Teelöffel Zucker, mit dem sich auch die bitterste Medizin schlucken läßt. Zu den Vertretern dieses

Typus zählen diejenigen Menschen, von denen scherzhaft gesagt wird, sie könnten selbst dem Papst ein Doppelbett verkaufen.

Um überzeugende Argumente ist der »große Kommunikator« nie verlegen. Er schüttelt spontan mehr Ideen aus dem Ärmel, als andere Menschen in stundenlanger Vorbereitungszeit ersinnen könnten. Seine Stärke liegt darin, Ideen zu »verkaufen«. In der Werbung, in den Medien, in der Politik oder im direkten Kontakt mit anderen Menschen, wo es Überzeugungsarbeit zu leisten gilt, fühlt er sich am wohlsten. In seinen besten Augenblicken gelingt es ihm, »druckreif« zu sprechen und aus dem Stegreif grandiose Vorträge zu halten, ohne ein Redemanuskript oder Stichwortzettel zu benötigen. Schon in der Schule besteht kein Zweifel an seinen Fähigkeiten – er wird Klassensprecher. In der Familie fällt ihm immer die Aufgabe zu, irgend jemandem etwas möglichst schonend beizubringen. Wer sagt die Einladung ab? Wer bringt Papa bei, daß Sohnemann in der Mathearbeit eine Sechs geschrieben hat? Wer erklärt Tante Frieda, daß sie keine weiteren Häkeldeckchen anzufertigen braucht? Dafür kann es nur einen geben: Den »großen Kommunikator«!

## *3 – II – Hohepriesterin*
## *Die Schwärmerin*

Sie ist immer und grundsätzlich begeistert – heute vom neuen Kinofilm, morgen von einem neuen Bekannten, dann von einem Buch, einer Philosophie, einem Künstler oder einem neuen Waschmittel. Wenn man ihr begegnet, kann man sich fest darauf verlassen, gleich nach der Begrü-

ßung das Loblied auf irgend jemanden oder irgend etwas zu hören. Begeisterung ist ihr Lebenselexier.
Bisweilen hat es den Anschein, als sei es ihr im Grunde genommen vollkommen gleichgültig, wen oder was sie gerade in den Himmel heben kann; Hauptsache, es gibt etwas, woran sich ihr unbändiger Wille zur Begeisterung entzündet. Ein wahres Feuerwerk der Lobpreisungen brennt sie ab für den neuen Pfarrer, die wiederentdeckte gute alte Kernseife, die so umweltfreundlich reinigt, für die wohlerzogenen Nachbarskinder und den jungen Dichter, der seine kreative Sensibilität so ungemein ergreifend in Worte zu kleiden versteht.
Mit der gleichen Begeisterung kann sie sich allerdings auch in einen heiligen Zorn hineinsteigern und in Bausch und Bogen alle Bösewichte dieser Welt verdammen – den unzuverlässigen Klempner genauso wie den Rüstungs-Industriellen, die schlampige Putzfrau wie den korrupten Politiker. Ihre Empörung verteilt sich gerecht über die Großen und Kleinen dieser Welt; allerdings nur im äußersten Notfall, nämlich dann, wenn es momentan weit und breit schlichtweg gar nichts Positives gibt, das gelobt und angepriesen werden kann.
Menschen mit dieser Kombination sind mitreißende, leidenschaftliche Gesprächspartner, die immer einen Sack voller Neuigkeiten im Gepäck haben. Sie sprudeln schier über vor Mitteilungsfreude und können ungemein motivierend, inspirierend und witzig sein.

## *3 – III – Herrscherin*
## *Die Spontane*

Ihre Zuneigung zeigt sie spontan, sofort, jedem, überall. Sie schämt sich nicht, ihre Gefühle offen zu zeigen, denn ihre unkomplizierte, ungekünstelte Warmherzigkeit stößt nur selten auf barsche Zurückweisung. Wenn man mit ihr durch die Straßen bummelt, kann es geschehen, daß sie alle hundert Meter einem Passanten um den Hals fällt (Bussi-bussi!), den sie von irgendwoher kennt und in guter Erinnerung behalten hat.
Genauso kann es jedoch auch geschehen, daß sie einem »ehrenwerten« Geschäftsmann, den sie als gemeinen Betrüger, Tierquäler und Kinderschänder kennengelernt hat, auf offener Straße ihre Handtasche um die Ohren schlägt und ihn im schrillsten Diskant zum Teufel wünscht. Auf einem rauschenden Fest bricht sie mitten auf dem Tanzparkett zwischen Tango und Walzer in bitteres Schluchzen aus, weil sie erfahren hat, daß der Sohn ihrer besten Freundin mit Blinddarmdurchbruch im Krankenhaus liegt.
Sie ist für jede Überraschung gut und liefert ihren Bekannten unerschöpflichen Gesprächsstoff. (Das weiß sie auch, und diese Tatsache findet sie prickelnd und aufregend.)
Generell steht sie allen Menschen freundschaftlich und aufgeschlossen gegenüber. Kontaktschwierigkeiten kennt sie nicht. Wohin sie auch kommt – überall findet sie viele gute Freunde. Daß sie bei Knigge-orientierten Zeitgenossen, die das »gute Benehmen« zum Götzen gemacht haben, ein gewisses Stirnrunzeln auslöst, irritiert sie nicht. Verkniffenen Sauertöpfen und griesgrämigen Langweilern, die ihr Benehmen »unmöglich« finden, schleudert sie ein entwaffnendes »Na und? So bin ich nun einmal!« entgegen. Damit hat sie alle Lacher gleich auf ihrer Seite.

## *3 – IV – Herrscher*
## *Der Macho*

Er ist stark und durchsetzungsfähig, erfolgreich und fit. Und das soll auch jeder gleich sehen! Genau wie Goethe, glaubt auch er, Bescheidenheit sei eine Art charakterliche Lumperei, die auf Lüge und Verstellung basiert. Wenn er das nötige Kleingeld hat, trägt er am Handgelenk goldene Uhren, läßt seine Anzüge beim nobelsten Schneider Londons oder Roms anfertigen und braust im Traumwagen vom Golf- zum Tennisplatz.

Er ist sehr großzügig. Wenn er hat, dann gibt er auch. Er lädt andere Menschen ein, um sie fürstlich zu bewirten, verteilt Geschenke und läßt sich nicht lumpen. Wenn es ihm gut geht, soll es den anderen auch gutgehen. Wenn er sich freut, sollen die anderen auch Grund zur Freude haben. Er empfindet eine geradezu kindliche Freude an seiner Kraft, seinen Erfolgen und seinem Wohlstand.

Morgens vor dem Badezimmerspiegel freut er sich darüber, was für einen unwiderstehlichen, charmanten, verwegenen und wohlgeratenen Burschen er doch Tag für Tag die Ehre hat rasieren zu dürfen. »Sie sind wirklich die faszinierendste Persönlichkeit, die ich je kennengelernt habe«, so begrüßt er den Mann im Spiegel. Er meint es gut mit dem Mann, den er täglich im Spiegel sieht, er kauft ihm die feinsten Rasierwasser, die besten Seidenkrawatten und macht ihn mit den schönsten Frauen bekannt. Der Mann, den er jeden Morgen im Spiegel sieht und rasieren darf, dieser Mann ist sein liebstes Gesprächsthema. Mit aufrichtiger Bewunderung erzählt er seine Heldentaten.

Es darf mit gutem Recht bezweifelt werden, daß sein Bett tatsächlich jede Nacht von Fotomodellen, Filmstars und

Schlagersängerinnen zerwühlt wird. Doch über diese nur allzu berechtigten Zweifel sollte man in seiner Gegenwart lieber nicht sprechen ...

## *3 – V – Hierophant*
## *Der Schulmeister*

Er hat versteckte pädagogische Ambitionen und möchte überall und jederzeit erzieherisch auf andere Menschen einwirken, sei es durch belehrende Gespräche, sei es durch sein vorbildliches Verhalten. Dabei legt er eine bewundernswerte Beharrlichkeit an den Tag, die im Extremfall durchaus auch als Belästigung empfunden werden kann.
Er ist kein banaler Besserwisser; tatsächlich ist er überdurchschnittlich gut informiert, so daß andere Menschen durchaus von seinem umfassenden Wissen profitieren können. Seine Absichten sind immer und grundsätzlich edel; die Ziele, die er verfolgt, sind uneigennützig auf die Fortschritte seines jeweiligen »Schülers« gerichtet. Instinktiv strebt ein Mensch mit dieser Kombination danach, die väterliche oder mütterliche Beraterfigur für einen Jüngeren oder Unerfahreneren zu sein.
Wenn er merkt, daß sein Schützling genug gelernt hat, tut er das, was jeder gute Lehrer irgendwann einmal tun muß: er macht sich selbst überflüssig, denn es geht ihm nicht darum, andere Menschen auf seine eigene Person zu fixieren und sie auf diese Weise zu unselbständigen Befehlsempfängern zu machen, sondern er möchte wie ein Prometheus sagen können: »Hier sitz' ich nun und forme Menschen, die mir gleichen.«
Begegnungen mit Menschen dieses Typus haben immer

eine nachhaltig prägende, verändernde Wirkung, deren Wert oftmals erst nach einigen Jahren gebührend gewürdigt werden kann. Manchmal streuen sie scheinbar unbedeutende Nebensätze in ein Gespräch ein, die aus unerfindlichen Gründen unauslöschlich im Gedächtnis haften bleiben und erst viel später wirklich verstanden werden.

## *3 – VI – Liebende*
## *Die Erbtante*

Wenn das Telefon klingelt und sie sich nur mal eben kurz danach erkundigen wollte, wie es einem denn gerade so geht, dann kann man getrost vergessen, was man sich für die nächsten Stunden an Arbeit vorgenommen hatte. Gnadenlos und unbarmherzig redet sie auf ihr Opfer ein. Es fällt ihr nicht einmal auf, wenn man eine Viertelstunde lang nicht mehr »Ja?«, »Ach!«, »Mhm« oder »Soso« gesagt hat. Böse Zungen behaupten, von ihrer Telefonrechnung könnte man mühelos eine fünfköpfige Familie nebst Dakkel und Wellensittich ernähren.
Sie schmiedet ununterbrochen sensationelle Pläne und ist ständig damit beschäftigt, andere Menschen von ihrem Vorhaben in Kenntnis zu setzen. Deshalb hat sie leider auch keine Zeit, ihre Pläne zu verwirklichen.
Sie liebt das Zweckfreie, das Unnütze, alles, was keinen praktischen Wert hat: Nippesfigürchen aus Porzellan, gehäkelte Mützchen fürs Auto, unter denen man Toiletten-Papier-Rollen »für unterwegs« verbergen kann, Laubsägearbeiten, Seifenschnitzereien und Gartenzwerge. Wen sie ins Herz geschlossen hat, den beschenkt sie gern mit ihren erlesenen Kostbarkeiten. Bei ihren regelmäßigen Besuchen

kontrolliert sie gewissenhaft, ob ihre Liebesgaben auch einen Ehrenplatz in der Wohnung des Beschenkten erhalten haben.
Alles, was mit Zeit- oder Geldverschwendung zu tun hat, übt eine unwiderstehliche Faszinationskraft auf sie aus.
Menschen mit dieser Kombination sind »eine Seele von Mensch«, die man einfach nicht verletzen oder enttäuschen kann, weil ihre rührende Herzlichkeit selbst den gröbsten Klotz beschämt.

## *3 – VII – Wagen*
## *Der Brummbär*

Ständig hört man ihn nörgeln und schimpfen. Er scheint ein höchst unzufriedener Zeitgenosse zu sein, der an allem und jedem etwas auszusetzen hat. Nie kann man es ihm rechtmachen. Die nichtigsten Lappalien dienen ihm als willkommener Anlaß zum Streit. Nicht selten vertritt er ganz bewußt abstruse Thesen, als hätte er nur eines im Sinn: andere Leute in Weißglut zu versetzen. Er widerspricht grundsätzlich und ist prinzipiell nie derselben Meinung wie sein Gesprächspartner.
Er ist furchtbar einfach zu überlisten. Wenn man ihn dazu bewegen möchte, etwas Vernünftiges und Sinnvolles in Angriff zu nehmen, dann muß man nur steif und fest behaupten, es sei dumm und falsch, ja geradezu verwerflich, die entsprechende Sache zu tun. Dann macht er sich sofort ans Werk. Auf diese Weise kann man ihn sogar dazu bringen, den Gartenzaun zu streichen, zum Zahnarzt zu gehen oder sich die Haare schneiden zu lassen.
Im Grunde ist er ein herzensguter Gemütsmensch. Er hat

ein weiches Herz, und wenn ein Kind weint oder ein Tier sich verletzt hat, würde er am liebsten in Tränen ausbrechen. Weil er die Bosheit seiner Mitmenschen fürchtet, hat er gelernt, seinen weichen Kern hinter einer rauhen Schale zu verbergen. Seine Ruppigkeit ist ein potemkinsches Dorf. Seiner Meinung nach ist es das kleinere Übel, wenn man ihn für einen zänkischen Querkopf hält. Nach dem dritten Glas Wein aber brechen die potemkinschen Fassaden zusammen, und erstaunt stellt man fest, was für ein lieber Kerl er in Wirklichkeit doch ist.

## *3 – VIII – Kraft*
## *Die Demagogin*

Die Sprache ist ihr kostbarstes Werkzeug. All ihre Kraft, all ihre Liebe und all ihren Haß, ihre Güte und Gnadenlosigkeit kann sie so kunstvoll in Worte kleiden, daß niemand sich der Faszination, die von ihr ausgeht, widersetzen wird.

Sie ist eine geborene Rhetorikerin und versteht es, sich durch den gezielten Einsatz ihrer Redekunst Respekt zu verschaffen. Was andere »auch immer irgendwie gedacht haben«, kann sie auf eine präzise Formel bringen, die genau den Kern der Sache trifft. Sie ist es, die stellvertretend für die »schweigende Mehrheit« ein allgemeines Unbehagen klar artikuliert und diffuse Gefühle prägnant in Worte faßt.

Im Grunde ist sie eine Schriftstellerin, eine Volkstribunin und intuitiv geniale Psychologin, die eine hochfeine Sensibilität für kollektive Stimmungen entwickelt hat. Was der »Zeitgeist« an nebulösen Tendenzen mit sich bringt, die sich in der breiten Grauzone zwischen bewußter Wahrnehmung und unbewußtem Ahnen bewegen, das benennt sie. Sobald »das Kind einen Namen« hat, kann öffentlich darüber diskutiert werden. Im wortwörtlichen Sinne bringt sie Dinge zur Sprache, sie bewirkt, daß über Entwicklungen und Ereignisse gesprochen werden kann, indem sie ihnen Namen gibt. Nur was einen Namen, eine griffige Bezeichnung hat, kann Gegenstand von Gesprächen und Überlegungen sein. Ohne Blasphemie kann man sie mit Adam vergleichen, dem im Paradies die Aufgabe zufiel, die Tiere zu benennen und sie dadurch erst wirklich für den Menschen existent zu machen.

Sie kann mitreißend sprechen und andere Menschen in wahre Begeisterungstaumel versetzen. Wenn Menschen ihres Schlages fragen: »Wollt ihr den totalen Krieg?«, dann steht zu fürchten, daß ihnen ein vieltausendstimmiger Chor »Ja« entgegenbrüllt.

## *3 – IX – Eremit*
## *Der Unverstandene*

Was er von sich gibt, ist für den durchschnittlichen Menschen schlicht und ergreifend »zu hoch«. Er kann ihm geistig nicht folgen. Ganz selbstverständlich geht er in seiner Naivität davon aus, jeder Mensch müsse über das gleiche hohe Informationsniveau verfügen wie er. Er ähnelt einem zerstreuten Professor, der den Verkäufer in der Abteilung für Herren-Oberbekleidung vertraulich zur Seite zieht, um mit ihm in aller Ruhe die unterschiedlichen neuen Forschungsergebnisse im Bereich der Teilchenphysik zu diskutieren.

Naturgemäß wird er auf diese Weise nur höchst selten fruchtbare Dialoge führen können, doch das gibt ihm nicht zu denken. Er ist so begeistert von seinen jeweiligen speziellen Interessen, daß es ihm schlicht entgeht, wenn andere Menschen ihn verständnislos anstarren und sich verlegen am Hinterkopf kratzen.
Seine geistigen Höhenflüge können nur von wenigen Menschen nachvollzogen werden. Wer mit ihm über das Wetter schwatzen möchte, sollte sich nicht wundern, wenn er plötzlich einen brillanten, aber völlig unverständlichen Vortrag über die Entstehung und Geschichte der meteorologischen Wissenschaft gehalten bekommt. Er hat keinen Sinn für das Banale. Während sein Gesprächspartner vielleicht nur Angst davor hat, daß die geplante Grill-Party buchstäblich ins Wasser fallen könnte, grübelt der »Unverstandene« über globale Klimaveränderungen und eine neue Eiszeit nach oder stellt Prognosen über die Zerstörung der Ozonschicht an.
Um nicht ständig »Perlen vor die Säue« zu werfen, sollte der »Unverstandene« sorgsam darauf achten, daß er sich mit Menschen umgibt, die ihm geistig gewachsen sind.

## *3 – X – Schicksalsrad*
## *Der Überredungskünstler*

Er redet seinen Kopf aus jeder Schlinge wieder heraus. Läge sein Kopf auf dem Richtblock und höbe der Henker das Beil, um ihn zu enthaupten, so genügten wenige Sekunden, und der Henker würde bitterlich zu weinen beginnen und das Beil wieder sinken lassen. Stünde er mit der Mordwaffe in den blutverschmierten Händen vor einer

Leiche, so würde jeder Kommissar ihn nach wenigen Minuten sofort von der Liste der Verdächtigen streichen. Wenn es sein muß, appelliert er äußerst wirkungsvoll an das Mitleid und die Hilfsbereitschaft anderer Menschen. Er ist ein blitzgescheiter Schlawiner und hat es faustdick hinter den Ohren.
Aus jeder Not macht er im Handumdrehen eine Tugend. Hierin gleicht er Tom Sawyer, der ein einträgliches Geschäft daraus machte, als er von seiner Tante den Befehl erhielt, zur Strafe den Gartenzaun zu streichen. Er redete seinen Freunden ein, es sei eine große Ehre, Zäune streichen zu dürfen. Für das unerhörte Privileg, ebenfalls ein Stück des Zaunes bepinseln zu dürfen, gaben sie ihm alle kostbaren Habseligkeiten, die sie bei sich hatten. Während die anderen für ihn arbeiteten und sich freuten wie die Schneekönige, lachte er sich ins Fäustchen.
Auch Scheherezade, die Erzählerin der Märchen aus Tausendundeiner Nacht, zählt zu diesem Menschenschlag. Durch das Erfinden und Erzählen von Geschichten rettete sie ihr Leben.

## *3 – XI – Gerechtigkeit*
## *Die Ausgewogene*

Alles Extremistische, Fanatische und Radikale ist ihr zuwider. Ihre Ansichten sind gemäßigt, und am liebsten vertritt sie Sowohl-als-auch-Standpunkte. Sie bringt es sogar fertig, im ersten Satz eine Behauptung aufzustellen, die sie mit dem zweiten ganz entschieden widerruft.
Familie oder Freundeskreis stehen für sie an erster Stelle. Sie verfügt über einen ausgeprägten Gemeinschaftssinn,

und es macht ihr Spaß, Bekanntschaften zu vermitteln oder Freundschaften zu stiften. Daß es in den angelsächsischen Ländern nur das »you« und nicht die Trennung zwischen »Du« und »Sie« gibt, gefällt ihr ausnehmend gut. Am liebsten würde sie jedem Menschen spontan das vertrauliche »Du« anbieten. Ihr Traum ist das klassische »Alle Menschen werden Brüder«.
Sie versucht, konservativ und progressiv zugleich zu sein, möchte die Atomtechnologie mit der Ökologie versöhnen und ist sowohl eine überzeugte Pazifistin als auch eine ganz entschiedene Befürworterin der Bundeswehr. Ihr Bekanntenkreis setzt sich aus den gegensätzlichsten Persönlichkeiten zusammen, die man besser nicht zusammen einladen und nebeneinander an einen Tisch setzen sollte.
Sie redet niemandem nach dem Munde und ist durchaus kein »Fähnchen im Wind«. Man täte ihr unrecht, wenn man sie eine Opportunistin nennen würde. Zwar würde es ihr nie in den Sinn kommen, irgend jemanden bewußt zu verprellen, aber auf eine ganz eigenwillige Art bleibt sie ihren eigenen Grundsätzen immer treu. Und ihr Hauptgrundsatz lautet: »Jeder Mensch erkennt nur einen kleinen Teil der Wahrheit, ein Mosaiksteinchen der Realität. Erst die Summe aller gegensätzlichen Meinungen liefert ein ungefähres Bild von dem, was die Wahrheit sein könnte.« Dogmatische Menschen werden nicht recht klug aus ihr, aber das kümmert sie nicht.

## *3 – XII – Gehängter*
## *Der ›prophet of doom‹*

Er ist überzeugt, daß wir unmittelbar vor dem Weltuntergang stehen und die Menschheit keine Überlebenschance mehr hat. Er leidet Höllenqualen unter dieser seiner Erkenntnis und ist emsig bemüht, sich seine vermeintlich letzten Wochen auf dieser ebenso vermeintlich dem Untergang geweihten Erde zu versüßen, indem er mit missionarischem Eifer versucht, andere Menschen davon zu überzeugen, daß die vier apokalyptischen Reiter bereits zu ihrem letzten großen Ritt aufgebrochen sind.
Er lacht über alle, die noch Beiträge zur Rentenversicherung zahlen oder eine Lebensversicherung als Altersvorsorge abschließen. Wohin er auch blickt – überall sieht er die Vorzeichen des kommenden Unheils. Wenn er morgens aufwacht, stellt er halb erstaunt, halb enttäuscht fest, daß die Erde sich noch immer dreht, und kein apokalyptisches Inferno die Welt über Nacht heimgesucht hat.
In diesen Zeiten noch Kinder in die Welt zu setzen, hält er für die unmenschlichste, gedankenloseste Bestialität, zu der egoistische Eltern überhaupt fähig sein können, und die fröhlichen Knirpse auf dem Kinderspielplatz erfüllen ihn mit tiefem Mitleid.
Am Morgen seines neunzigsten Geburtstages wird er sich vermutlich erstaunt an den Kopf fassen und glauben, in Wahrheit sei er längst tot und ein paar lausbübische Engel spielten ihm nur einen dummen Streich, indem sie ihm vorgaukeln, die Welt bestünde weiter, und er selbst lebe noch immer in ihr. »Weil«, so schließt er messerscharf, »nicht sein kann, was nicht sein darf«. (Morgenstern)

## *3 – XIII – Tod*
## *Der Weltverbesserer*

Sein Ziel ist es, die Welt zu verändern. Er möchte, so gut er kann, »Menschenfischer« sein und dazu beitragen, daß die Grundlagen für ein völlig neues Bewußtsein in jedem einzelnen gelegt werden.

Manchmal träumt er davon, der mächtigste Mensch auf der Welt zu sein, der mit dem Schnipsen seiner Finger alle gefährlichen Fehlentwicklungen auf der Stelle stoppen kann. Doch solchen Tagträumen gibt er sich nicht lange hin. Da er nicht allmächtig ist, wird er ganz konkret in seiner nächsten Umgebung aktiv. Wenn er im Putzschrank seiner Mutter umweltgefährdende Reinigungsmittel entdeckt, überkommt ihn heiliger Zorn. Dann kann er sich gebärden wie Jesus im Tempel, der kurzerhand alle Schacherer auf die Straße warf. »Essig und grüne Seife!« brüllt er mit geschwellter Zornesader. (Daß er selbst vielleicht Kettenraucher ist, empfindet er nicht als Widerspruch zu seinen Aufklärungs-Aktionen.)

Wer absichtlich oder fahrlässig seinen Zorn auf sich zieht, sollte sich unbedingt über die Folgen im klaren sein, denn der »Weltverbesserer« kann sich von einer Sekunde zur nächsten in einen zürnenden Racheengel verwandeln und den armen Sünder durch seine flammenden Strafpredigten in Grund und Boden verdammen. »Du hast südafrikanische Weintrauben gekauft. Damit trägst du die Schuld an Folter und Rassismus. Deinetwegen sitzt Nelson Mandela noch immer im Gefängnis«, so kann eine seiner leidenschaftlichen Anklagen lauten.

Auf seine äußerst wirkungsvolle, bisweilen etwas gnadenlose Art und Weise gelingt es ihm tatsächlich, nachhaltige Wirkungen zu erzielen.

## *3 – XIV – Alchemie*
## *Der perfekte Planer*

In der Zusammenarbeit mit anderen Menschen erzielt er hervorragende Ergebnisse. Seine Erfolge basieren auf seiner Fähigkeit, ausgeklügelte Pläne zu entwerfen und exakt festzustellen, wer was zu welchem Zeitpunkt wo tut. Mit einem wie ihm als »Kopf« dürfte es kein allzu großes Problem sein, die Kronjuwelen aus dem Tower von London zu stehlen.

Mathematisch präzise strukturiert er seine differenzierten Gedankengebäude. Eventualitäten werden dabei immer gebührend berücksichtigt. Er gibt dem Zufall keine Chance. Das »Glück des Tüchtigen« ist eine verläßliche Größe für ihn.

Es fällt ihm leicht, seine gedanklichen Entwürfe so allgemeinverständlich zu erläutern, daß selbst der Dümmste begreift, worum es geht. Seine Ausdrucksweise ist überlegt; er benutzt die Worte sehr bewußt. Lieber denkt er einige Sekunden nach, als daß er ein Wort in den Mund nimmt, das nur ungefähr den betreffenden Sachverhalt beschreibt.

Er dürfte ein rasanter Kreuzwort-Rätsel-Löser sein, und mit einem Minimum an Sprachkenntnissen gelingt es ihm, kongeniale Übersetzungen von Texten aus fremden Sprachen anzufertigen.

Seine Prognosen sind geradezu beängstigend zuverlässig. Er übt eine magnetische Anziehungskraft auf Menschen aus, die Orientierung suchen und den Überblick verloren haben. Wer sich nach seinen Ratschlägen richtet, fährt gut damit. »Verlorene Schäfchen« erkennen auf den ersten Blick den »Leithammel« in ihm.

## *3 – XV – Teufel*
## *Der Kritiker*

Er verfügt über eine untrüglich feine Witterung für Mängel und Fehler. Die Schwachstellen einer Sache, einer Entwicklung oder Idee spürt er mit schlafwandlerischer Sicherheit auf. Mit seinen scharfsichtigen Analysen holt er manch einen Traumtänzer wieder auf den harten Boden der Realitäten zurück und bewahrt ihn auf diese Weise vor bitteren Enttäuschungen.

Er ist kein notorischer Nörgler – im Gegenteil. Sein kritischer Blick basiert auf seiner unbändigen Lebensfreude. Er möchte sich das Leben nicht vergällen lassen, und deshalb achtet er rechtzeitig auf jeden eventuellen Störfaktor, der sich in fernerer Zukunft zu einem ernsthaften Problem auswachsen könnte. »Gefahr erkannt – Gefahr gebannt«, das ist sein Motto.

Er macht aus seinem Herzen keine Mördergrube. Seine spontane Unbefangenheit, mit der er die Dinge beim Namen nennt, kann auf sensiblere Naturen verletzend wirken. Er redet nicht lange um den heißen Brei herum. Menschen, mit denen er es gut meint, mutet er oftmals heilsame Schock-Therapien zu. »Lieber ein Ende mit Schrecken, als ein Schrecken ohne Ende«, so lautet dann sein »tröstender« Kommentar. Falschverstandene Rücksichtnahmen kennt er nicht. Er glaubt fest daran, daß nur die Wahrheit frei macht und daß man auf Sand baut, wenn man sich rosaroten Illusionen hingibt.

Schwindlern und Betrügern fällt er nicht zum Opfer. Nie würde er die Katze im Sack kaufen. Falls er von einer Sache vollkommen überzeugt ist, kann man sich darauf verlassen, daß es in diesem Fall tatsächlich kein Haar in der

Suppe gibt. Beim Haus- oder Gebrauchtwagenkauf, vor einer Eheschließung oder dem Beginn eines neuen Lebensabschnitts sollte man den Mut fassen, ihn um seinen möglicherweise unbequemen Rat zu fragen.

## *3 – XVI – Turm*
## *Der Schmeichler*

»And all men kill the thing they love, / By all let this be heard, / Some do it with a bitter look, / Some with a flattering word.« (Oscar Wilde, The Ballad of Reading Goal)
Man kann einen Menschen durch Schmeichelei zerstören. Bei Lao-Tse lesen wir sinngemäß dasselbe: Man könne seine Gegner unschädlich machen, indem man ihnen nach dem Munde redet und ihnen so lange schmeichelt, bis sie dumm, faul und selbstgefällig werden und in ihr sicheres Verderben rennen.

Das hat der »Schmeichler« natürlich nicht im Sinn; er möchte andere Menschen motivieren, aufbauen, ermutigen, aber was er damit anrichtet, ist fürchterlich. Dem pikkeligen Primaner, der seinen Weltschmerz in Verse gießt, redet er ein, es schlummere ein großer Dichter in ihm. Den dilettantischen Sonntagsmaler erklärt er rundheraus für einen neuen Picasso. Das Ergebnis: seine »Opfer« können weltfremd, anmaßend und überheblich werden. Daß man den Menschen durch Kritik viel mehr hilft als durch überzogenes Lob, sieht der »Schmeichler« nur selten ein.

In bester Absicht richtet der »Schmeichler« großen Schaden an. Einer glücklichen Hausfrau redet er ein, sie habe ihre besten Jahre vertan und müsse sich nun umgehend »selbstverwirklichen«, einen zufriedenen Vater und Ehemann stürzt er durch seine fragwürdigen Aufmunterungen mitten in die »midlife-crisis« hinein. Wehe dem, mit dem es der »Schmeichler« gut meint und den er »fördern« zu müssen glaubt! Menschen mit dieser Kombination sollten unbedingt lernen, daß die Grenzen zwischen gutgemeinter Ermunterung und der Aufforderung, sich gefährlichen Illusionen hinzugeben, fließend sind. Erst wenn sie die Fähigkeit zu konstruktiver Kritik erwerben, können sie wirklich Gutes tun.

## *3 – XVII – Stern*
## *Die Taktvolle*

Sie hat einen angeborenen Instinkt für menschlichen Anstand. Bevor jemand etwas sagt, errät sie schon, was ihm auf der Seele liegt. Nicht selten geschieht es, daß das Telefon klingelt und sie wie beiläufig murmelt: »Das wird wohl Helga sein.« Meistens liegt sie mit ihren Prognosen richtig. Ihr feines Gespür für die Wünsche, Hoffnungen und Befürchtungen anderer Menschen streift bisweilen die Grenzen der Gedankenleserei. Sie kennt die verletzlichen Punkte im Seelenleben ihrer Mitmenschen und würde sich niemals gebärden wie der sprichwörtliche »Elefant im Porzellanladen«. Während andere Menschen eifrig nach den »Leichen im Keller« ihrer Bekannten suchen, um sich genüßlich daran zu weiden, respektiert sie die wunden Punkte ihrer Mitmenschen und spricht nicht darüber. Klatsch und Tratsch, üble Nachrede und Rufmord sind ihr zutiefst verhaßt.
Bevor zwei Streithähne aufeinander losgehen können, ahnt sie den kommenden Streit und sorgt geschickt dafür,

daß man das Thema wechselt. Im Umgang mit Menschen verläßt sie sich ganz auf ihre Intuition. Sie weiß genau, wann sie lieber schweigen sollte, und ist eine Meisterin der taktvollen Zurückhaltung. Nie wird man ein ausfallendes oder verletzendes Wort von ihr hören. Zwar ist sie eine ausgezeichnete Menschenkennerin, die den Wolf im Schafspelz sofort durchschaut, aber sie würde ihn nie in aller Öffentlichkeit bloßstellen. Wenn der richtige Moment gekommen ist, nimmt sie ihn still zur Seite und redet ihm eindringlich ins Gewissen. Auf diese Weise erreicht sie mehr als die lauten Polterer.

### *3 – XVIII – Mond*
### *Der Missionar*

Insgeheim hält er sich für eine Art Gesandten, der vom Schicksal auserwählt wurde, um der Menschheit wichtige Botschaften zu übermitteln. Diese Aufgabe bemüht er sich gewissenhaft zu erfüllen. Er bringt es durchaus fertig, mitten in der Rush-hour im überfüllten U-Bahn-Abteil den gestreßten Leuten von Ufos über dem Bermuda-Dreieck zu erzählen, mit denen er telepathische Verbindung aufgenommen habe, und dann ergießt er sich in weitschweifige Erläuterungen der exterrestrischen Botschaften.
Für Leute wie ihn wurde im Londoner Hyde-Park die »speakers' corner« eingerichtet, wo liebenswerte Exzentriker auf hölzernen Podesten ihre Botschaften an das staunende Volk überbringen dürfen.
Auch der weniger extreme Vertreter dieses Menschenschlages ist von missionarischem Eifer erfüllt. Er will stets überzeugen und die Menschen mit seiner ganz persön-

lichen Wahrheit beglücken. Ob Taubenzüchter, Zeuge Jehovas, Schrebergärtner oder Jogger, ob Yoga-Schüler oder Schmetterlingssammler, gleichgültig, was auch immer der Gegenstand seiner leidenschaftlichen Begeisterung sein mag – er befindet sich rund um die Uhr auf der Suche nach Menschen, die er für seine Sache gewinnen kann. Als Sekten-, Vereins- oder Parteimitglied, als Vertreter oder Verkäufer ist er unübertroffen erfolgreich.

## *3 – XIX – Sonne*
## *Der Extrovertierte*

Seine zwanglose Unbefangenheit wird von manchen Menschen für geradezu schamlos gehalten. Er schreckt nicht davor zurück, wildfremde Leute zu duzen oder im piekfeinen Nobel-Restaurant vom Teller seines Tischnachbarn zu essen. Wenn er sich freut, dann führt er original indianische Kriegstänze auf und stimmt ein infernalisches Jubelgeschrei an. Wenn er traurig ist, weint er hemmungslos Rotz und Wasser, so daß man meinen könnte, ihm sei soeben sein Todesurteil verkündet worden. Ärgert er sich, dann flucht er ungeniert und nimmt Worte in den Mund, die andere nicht einmal zu denken wagen. Das Risiko, ein Magengeschwür zu bekommen, ist für ihn gleich Null.
Sein Gesicht sagt mehr als tausend Worte. Er kann sich nicht verstellen. Man muß kein großer Menschenkenner sein, um sofort zu erkennen, wie seine momentane Laune ist.
Jedem, der es hören oder nicht hören will, schüttet er vertrauensvoll sein Herz aus. In Fachkreisen gilt er als anatomisches Wundertier, das sogar beim Zähneputzen, beim

Küssen, unter Wasser oder mit vollem Mund noch reden kann – an acht Tagen in der Woche jeweils 25 Stunden lang.

Er ist ebenso witzig wie kreativ und hat ein helles Köpfchen. Durch sein bisweilen kindisches Verhalten soll man sich nicht täuschen lassen. Er ist ein ungemein bewußter Mensch, dem kaum etwas entgeht, der blitzschnell begreift und instinktsicher reagiert. Den »braven Bürgern« ist er stets um mindestens zwei Nasenlängen voraus.

## *3 – XX – Aeon*
## *Der Kund-Täter*

Kindermund tut Wahrheit kund; auch wenn der »Kund-Täter« ein Hutzelgreis von 99 Jahren ist, der versonnen auf seinem Gebiß herumlutscht – den »Kindermund« hat er sich bewahrt. Er nimmt kein Blatt vor den Mund, und in oftmals rührend naiver Angestrengtheit bemüht er sich stets, »die Wahrheit zu sagen, nichts als die Wahrheit, so wahr mir Gott helfe!« Damit kann er es so weit treiben, daß er eine halbe Stunde lang verzweifelt hin und her überlegt, ob das Stück Kuchen, das er vor 25 Jahren zusammen mit seiner Tante auf Norderney gegessen hat, nun 35 oder 40 Pfennige gekostet hat. Über solche Einzelheiten kann er stundenlang reden, mit verblüffender Präzision und Detailtreue. Was hat das Brot vor dem Krieg gekostet? Er weiß es, falls er damals schon lebte. Wie viele Vettern dritten Grades hatte sein Urgroßvater? Er bleibt die Antwort nicht schuldig.

Manchmal hat es den Anschein, als rede er nur belangloses Zeug, doch immer wieder geschieht es, daß er in unerwartetem Zusammenhang philosophische Betrachtungen von solch geistigem Tiefgang bringt, daß man das Bild, das man sich von ihm gemacht hat, gründlich revidieren muß. Er hat etwas von einer Pythia an sich, die in Trance Wahrheiten offenbart, die sie im vollbewußten Wachzustand selber gar nicht begreifen könnte.

Störrisch wie ein Esel ist er immer dann, wenn es ihm um die Wahrheit geht. Dabei macht er auch vor sich selbst nicht halt. Seine Fähigkeit zur Selbstkritik ist bewundernswert, und wenn er sich geirrt hat, läßt er sich gern eines Besseren belehren.

## *3 – XXI – Universum*
## *Der Weitschweifige*

Er redet viel und gern von früher, von seiner Kindheit, als es noch Maikäfer und Kornblumen gab, als er Äpfel klaute und Streiche ausheckte.

Seine Erzählweise kann ermüden, denn er neigt zu größtmöglicher Bedächtigkeit. Die »Entdeckung der Langsamkeit« hat er schon als Wickelkind gemacht. Was er zu erzählen hat, ist spannend und faszinierend, doch die Art, wie er berichtet, ist mit der Wirkung eines Eßlöffels Baldriantropfen zu vergleichen. Er kommt nur selten auf den Punkt.

Wenn er von seiner Urlaubsreise zum Grand Canyon erzählen möchte, beginnt er bei der Gesteins-Erosion im Laufe der Jahrtausende, die ihn an die Zerstörung wertvoller Baudenkmäler durch Industrie- und Autoabgase in unseren Städten erinnert, und in aller Ausführlichkeit stellt er Sinn und Zweck von EG-Normen in Frage, um dann auf

den Benzinpreis zu sprechen zu kommen, bis man ihn zaghaft nach dem Grand Canyon fragt.
Er zeigt also ein Foto der gigantischen roten Felsklüfte, die ihn an die Entdeckung Amerikas durch die Wikinger, genauer: Erik den Roten erinnern. Das führt ihn zur Christianisierung Irlands, und wer dann noch Zeit und Geduld hat, ist erstens zu bewundern und kann zweitens viele interessante Dinge von ihm lernen.
Er ist zäh und geduldig. Wenn man ihm eine Aufgabe überträgt, kann man sich fest darauf verlassen, daß er sie gewissenhaft erledigt, auch wenn es tausend Hürden und Hindernisse zu nehmen gilt. Er schafft es. Er hält durch. Er läßt sich grundsätzlich nicht entmutigen.

# Kapitel 4

## *4 – 0 – Narr*
## *Der Schmetterling*

Pünktlichkeit, Sparsamkeit und Zuverlässigkeit, diesen drei Tugenden zollt der »Schmetterling« höchste Wertschätzung, obwohl er persönlich wenig Lust verspürt, diese Tugenden im Alltag konsequent zu praktizieren.
Daß es nützlich und vorteilhaft ist, wenn andere Menschen pünktlich und verläßlich sind, leuchtet ihm vollkommen ein. Aus welchen unerfindlichen Gründen man dagegen ständig von ihm fordert, sich selbst zu vergewaltigen und der Armbanduhr und dem Sparschwein Herrschaft über sein Leben einzuräumen, wird ihm ewig unergründlich bleiben. Über Geld hat er feste Ansichten: Man braucht es leider, und wenn man zu den bedauernswerten Unglücksraben zählt, die kein Millionenvermögen geerbt haben, dann muß man das schwere Schicksal auf sich nehmen und wohl oder übel dafür arbeiten.
Er ist rundheraus einverstanden mit allen bürgerlichen Tugenden; von ganzem Herzen bejaht er die Notwendigkeit von Recht und Ordnung, doch ihm ist nicht immer vollkommen klar, was das alles mit ihm persönlich zu tun hat. Natürlich müssen die anderen Autofahrer vor der roten Ampel anhalten. Aber er hat es manchmal eben etwas eiliger.
Es gibt Dinge, die man tun sollte, und es gibt Dinge, zu denen er beim besten Willen wirklich keine Lust hat. Beide

Kategorien verschmelzen für ihn zu einer einzigen. Er ist ein liebenswerter, gutmütiger, treuherziger Chaot, dem man nicht böse sein kann.

### *4 – I – Magier*
### *Der Golfspieler*

Man kann seine Mentalität nur metaphorisch illustrieren. Er gleicht einem Golfspieler, der den Ball immer so weit wie möglich in die dunstigen, endlosen Rasenflächen hinein schießt. Wo der Ball liegen bleibt, das ist sein nächstes Ziel. Hat er es erreicht, schlägt er den Ball erneut mit aller Kraft so weit vorwärts, wie er nur kann. Wieder hat er sich damit ein neues Ziel gesteckt.
Er verbringt sein Leben damit, ein hochgestecktes Ziel nach dem anderen anzusteuern. Rastlos hetzt er von Erfolg zu Erfolg und fühlt sich, was kaum jemand vermuten würde, glücklich und pudelwohl dabei. Andere sehnen sich nach Rast, ihn treibt es stets voran. Nirgendwo ist er so kreuzunglücklich wie im Urlaub, wo man ihn gewaltsam zum Faulenzen zwingt.
Wenn er alle materiellen Ziele erreicht hat, dann setzt er sich ideelle, fördert die Künste, kämpft für Gerechtigkeit, für die Armen, für die Religion.
Sobald er eines seiner hohen Ziele erreicht hat, überkommt ihn eine unerklärliche Traurigkeit, und er fällt in einen quälenden Zustand innerer Leere. Dann gibt es nur eines: weiter, vorwärts, zu neuen Ufern! Wer seine Karriere beobachtet, muß ihm Respekt zollen. Wer ihn gut kennt, dem tut er immer auch ein bißchen leid, denn sein Leben erinnert an die Geschichte von dem Hasen und dem Igel.

Er läuft vor sich selbst davon. Kaum glaubt er, seinem alten Ich entkommen zu sein, taucht es fratzenhaft vor ihm auf und höhnt: »Ich bin schon da!«

## *4 – II – Hohepriesterin*
## *Die Wohltäterin*

Menschen mit dieser Kombination sind wahre Samariter und handeln, bewußt oder unbewußt, wie Sankt Martin, der bei klirrender Kälte seinen Mantel mit einem frierenden Bettler teilte.

Die Wohltäterin würde buchstäblich ihr letztes Hemd geben, um die Not eines bedürftigen Menschen zu lindern. Auf bisweilen unerklärliche Weise wird an ihr das Prinzip »alles kommt zurück« wirksam. Es kann geschehen, daß nach Jahrzehnten, unerwartet, aber genau im richtigen Augenblick, wenn sie am nötigsten einen guten Freund braucht, jemand auf der Bildfläche erscheint, dem sie einmal half, der ihr viel verdankt und der sie nicht vergessen hat.

Man könnte sie für eine weltfremde Idealistin halten, die naiv genug ist, sich von parasitären Menschen schamlos ausnutzen zu lassen, wenn sie nicht der lebendige Beweis dafür wäre, daß ein wahrhaft kluger Egoist in seinem ureigensten Interesse immer selbstlos handeln sollte. Denn »Karma« bedeutet nicht, daß man stolz darauf sein sollte, Kleopatras Kammerzofe, Rasputins erste große Liebe oder Napoleons Großvater gewesen zu sein, sondern es bedeutet, daß alles, was wir tun, irgendwann zu uns zurückkommt – das Gute wie das Böse.

Wer gibt, dem wird gegeben, wer hilft, dem wird geholfen,

wer liebt, der wird geliebt werden. Das weiß die »Wohltäterin«, und indem sie anderen Menschen Gutes tut, tut sie in Wahrheit sich selbst den größten Gefallen.

### *4 – III – Herrscherin*
### *Frau Krösus*

Sie versteht es, den Wohlstand zu genießen. Früher oder später kommen Menschen mit dieser Kombination, ob sie wollen oder nicht, zu einem recht ansehnlichen Vermögen. Plötzlicher Reichtum macht die einen krankhaft geizig und die anderen zu größenwahnsinnigen Verschwendern. Das kann »Frau Krösus« nicht passieren. Sie hat Freude daran, sich etwas Schönes zu gönnen und langgehegte Träume Wirklichkeit werden zu lassen. Doch nie käme es ihr in den Sinn, daß es schick und fein wäre, sich die Zigaretten mit brennenden Hundertmarkscheinen anzuzünden oder Wasserhähne aus purem Gold an die Waschbekken montieren zu lassen.
Vertreter dieser Kombination haben gleichsam aristokratische Züge, und es umgibt sie ein unerklärliches Flair der Vornehmheit und Herzensbildung. Auch wenn sie gestern noch Putzfrau oder Taxifahrer waren – kaum sind sie Millionäre, wird niemand sie für neureiche Angeber halten, sondern auf den ersten Blick ganz selbstverständlich glauben, es mit den letzten Sprossen eines uralten Adelsgeschlechtes zu tun zu haben. Das mag an ihrem guten Benehmen oder auch an ihrer reservierten Höflichkeit liegen, an ihrem stilsicheren Geschmack oder ihrer ungekünstelten Natürlichkeit, die frei ist von Theatralik und Affektiertheit.

Das »vornehme understatement« liegt ihr im Blut. Man hat es, oder man hat es nicht. Sie hat es.

## *4 – IV – Herrscher*
## *Der Selfmademan*

Er hat niemandem etwas zu verdanken – außer sich selbst und seiner eigenen Kraft. Menschen mit dieser Kombination können den guten alten Mythos vom Tellerwäscher, der es zum Alleininhaber eines gigantischen Wirtschaftsimperiums brachte, mit neuem Leben erfüllen.

Zielstrebig handelt er gemäß dem »Scarlett-O'Hara-Eid«, den Vivien Leigh im Film »Vom Winde verweht« trotzig gegen den malerischen Sonnenuntergang schmettert: »Nie wieder arm sein!«

Wenn nötig, geht er »über Leichen«. Kann er kein zweiter Getty und kein neuer Onassis werden, bitte, dann wird er eben ein Al Capone. Ihm kommt es in erster Linie darauf an, oberster Herr eines Imperiums zu sein, gleich welcher Art, und die Entscheidung über Schicksale und Millionenbeträge fällen zu können.

Es gibt für ihn nur eine Alternative: Erfolg oder Karriere. Worte wie »versagen«, »Mißerfolg«, »Niederlage« oder »Rückschlag« gibt es in seinem Vokabular nicht. Er ist von Kopf bis Fuß auf Reichtum eingestellt, denn das ist seine Welt und sonst gar nichts.

Schon als Schulkind gibt es für ihn nur eine einzige wirklich wichtige Frage. Sie lautet: »Wie verdiene ich meine erste Million?« Er sucht so lange nach einer schlüssigen Antwort auf diese alles entscheidende Frage, bis er sie gefunden hat. Die nächsten Millionen kommen dann fast von allein.

Er vergißt nie, woher er gekommen ist; genausowenig verliert er aus dem Blickwinkel, wohin er will: nämlich nach ganz oben in die Chef-Etage.

## *4 – V – Hierophant*
## *Der Übervater*

Er steht allen Menschen mit väterlichem Wohlwollen gegenüber. Sein Verhalten ist jovial. Seine selbstbewußte Güte, die auf dem sicheren Bewußtsein seiner eigenen Kraft und Macht basiert, ist von bewährter, althergebrachter »Gutsherrenart«. Wenn er auftritt, fühlt man sich unweigerlich an einen mittelalterlichen Lehensherrn erinnert, der vom ius primae noctis recht fleißig Gebrauch macht und folglich allen Grund hat, in seinen Untertanen buchstäblich Landes-Kinder zu sehen, denen er weiß Gott nicht zufällig mit väterlichen Gefühlen begegnet.
Der weibliche Vertreter dieses Typus ähnelt sowohl der »Aua« aus dem Roman »Der Butt« von Günter Grass als auch der dominanten italienischen »Mamma«, die hinter den brüchigen Fassaden des Patriarchats nach wie vor ihre unangefochtene Herrschaft ausübt. Ihrem mütterlich-machtbesessenem Charme kann man sich nicht entziehen. Es ist ein exquisites Vergnügen, sich von ihr bevormunden und verhätscheln zu lassen.
Ob männlich oder weiblich – Menschen mit dieser Kombination behandeln Jung und Alt, Verwandte und Fremde, Arme und Reiche instinktiv als Mitglieder einer weitverzweigten Großfamilie, dem sie als Oberhaupt vorzustehen glauben. Sie werden zwar immer ein bißchen dazu neigen, anderen Menschen ihren Willen aufzuzwingen, aber auf

der anderen Seite legen sie starke Beschützerinstinkte an den Tag. Unter ihrer liebevollen »Herrschaft« fühlt man sich sicher und geborgen.

## *4 – VI – Liebende*
## *Hans im Glück*

Wenn man eine Antiquität günstig erworben hat, betrachtet er zunächst einmal eingehend die Rück- oder Unterseite, ob dort nicht etwa der Stempel »Made in Hong Kong« zu finden ist. Hat man sich ein schönes Grundstück am See gekauft, vermutet er sofort unterirdische Giftmüll-Deponien unter der saftigen Wiese und greift zum Spaten, um sich Gewißheit zu verschaffen. Er gerät in Panik, wenn er durch glückliche Zufälle an ein hübsches Sümmchen Geld kommt und wittert sofort ein Komplott der Steuerfahndung, die ihn der Steuerhinterziehung überführen und durch einen Agent provocateur hat auf die Probe stellen wollen.

Er mißtraut dem Glück und sucht fieberhaft bei jeder Rose den Dorn. Findet er kein Haar in der Suppe, bringt ihn das schier zum Verzweifeln. Ist alles hell und freundlich, dann stellt er sich mit dem Rücken zur Sonne, um endlich wieder im Schatten, und sei es nur seinem eigenen, zu stehen.

Er betrachtet es als böses Omen, wenn ihm das Butterbrot aus der Hand und nicht mit der Butterseite auf den neuen Perser-Teppich fällt.

Zwar behauptet er, er wünsche sich wie jeder vernünftige Mensch Glück und Wohlstand. Aber kaum kommen beide auch nur wie ein Silberstreif am Horizont in Sicht, benimmt er sich wie Hans im Glück und atmet erst dann wieder erleichtert auf, wenn er statt mit dem Goldklumpen mit einem alten Mühlstein dasteht. Die Aussicht auf ein unbeschwertes, sorgenfreies Leben deprimiert ihn. Erst wenn er gar nichts hat, fühlt er sich frei und glücklich. Denn: wenn es ihm schlecht geht, hat er keinen Grund, mißtrauisch zu sein.

## *4 – VII – Wagen*
## *Der Lebensretter*

Ordnung und Gerechtigkeit sind seine Ideale. Falschparker, Schwarzarbeiter, Steuerhinterzieher und Schmuggler hält er für subversive Elemente und heimliche Staatsfeinde. Er gleicht den Helden der amerikanischen Krimiserien: unermüdlich wacht er in seiner Umgebung über die Einhaltung der Gesetze und bekämpft das Übel, wo immer und in welcher Gestalt es sich ihm auch zeigt.
Er tut dies alles nicht etwa aus bornierter Machtlüsternheit oder aus dem gemeinen Vergnügen am Denunzieren, sondern weil sein staatsbürgerliches Ideal folgendermaßen lautet: Alle Staatsbürger bilden eine große Gemeinschaft, jeder hat sich an die Spielregeln zu halten und seinen individuellen Beitrag zum Bestand des Ganzen zu leisten.
Sein ausgeprägter Gemeinschaftssinn gibt ihm das Gefühl, eine lebendige Zelle innerhalb des staatlichen Gesamtorganismus zu sein. Für ihn besteht kein Unterschied zwischen seinem Vorgarten und den öffentlichen Parkanlagen; für persönliches und öffentliches Eigentum fühlt er sich gleichermaßen verantwortlich.
Wenn jemand in der S-Bahn, auf dem Bahnhof oder in einer abgelegenen, finsteren Seitenstraße überfallen wird,

verzweifelt um Hilfe schreit, und alle Passanten blicken gleichgültig zur Seite, als ginge sie das Verbrechen am hellichten Tage gar nichts an, dann riskiert er Kopf und Kragen. Wo andere sich feige davonstehlen, zeigt er vorbildliche Zivilcourage. Er ist ein bürgerlicher Held, ein heldenhafter Bürger, der nicht nur von Gemeinsinn redet, sondern ihn auch konsequent praktiziert.

## *4 – VIII – Kraft*
## *Die Glückliche*

Alle großen Liebesgeschichten der Weltliteratur enden entweder tragisch oder tödlich. Romeo und Julia als Rentner inmitten einer vielköpfigen Enkelschar? Undenkbar. Menschen mit dieser Kombination können den Beweis erbringen, daß die Geschichte von Philemon und Baucis nicht bloß ein schönes Märchen ist. Sie verwirklichen den Menschheitstraum von der großen Liebe inklusive gemeinsamem Altwerden und zärtlichem Händchenhalten auf der Parkbank im Garten des Seniorenwohnheims. Selbst wenn ihre erste Ehe scheitert – die zweite führt unweigerlich zum Happy-End.
Alles, was diese Menschen tun, geschieht direkt oder indirekt aus Liebe. Liebe als universales, dynamisches Prinzip ist für sie die eigentliche Ur-Sache, die allen Dingen, allen Lebensformen auf der Welt zugrunde liegt. Liebe bedeutet für sie nicht nur das Gefühl der Verbundenheit mit ihrem Partner, den Kindern und der Familie, sondern das universale Eins-Sein mit der gesamten Schöpfung.
Die »Glückliche« hat das angeborene Talent, sogar in der feuchtesten Hinterhof-Kellerwohnung eine kleine Idylle

zu schaffen. Wenn die Zukunft finster und hoffnungslos erscheint, läßt sie den Mut nicht sinken. »Wir haben doch uns. Ich hab dich und du hast mich«, sagt sie. Zwar kann man von Luft und Liebe nicht leben, aber ohne beides überhaupt nicht. Das weiß sie. Geld allein macht sie nicht glücklich. Nie würde sie ihren Stolz verkaufen oder die Menschen, die sie liebt, um persönlicher Vorteile willen im Stich lassen.

Menschen mit dieser Kombination gehen mit ihrem Partner durch Dick und Dünn – nicht bloß, weil sie vor dem Altar versprochen haben, ihm in »guten und in schlechten Tagen« beizustehen, sondern weil es für sie die selbstverständlichste Sache der Welt ist, daß einer für den anderen einsteht. Mit ihnen kann man auch die schwersten Zeiten überstehen und gemeinsam für eine bessere Zukunft arbeiten.

## *4 – IX – Eremit*
## *Der Erfinder*

Wie ein Trüffelschwein spürt er Marktlücken auf. Sein gesunder Geschäftssinn läßt ihn neue Dienstleistungen und Gebrauchsgegenstände, Maschinen und Geräte erfinden, die millionenschweren Profit versprechen können. Doch ihn interessiert im Grunde nur die Theorie. Die »Vermarktung« seiner Einfälle langweilt ihn, und er überläßt sie lieber anderen, die vorgeben, mehr davon zu verstehen. Deshalb schwebt er ständig in der Gefahr, gewaltig übers Ohr gehauen zu werden.

Seine Geistesblitze sind genial; Leute seines Schlages haben das Rad erfunden, die ersten Werkzeuge im Neandertal hergestellt und so lange in den nächtlichen Sternenhim-

mel gestarrt, bis ihnen klar wurde, daß die Himmelskörper festgelegten Gesetzen folgen. Sie haben die Bauzeichnungen für Stonehenge und die Pyramiden geliefert. Ihre Namen sind vergessen, aber die Ergebnisse ihrer Überlegungen bestehen fort.
Im Alltag bewähren sie sich, indem sie mit pfiffigen Vorschlägen zur Hand sind, wenn nichts mehr geht und niemand weiß, wie man die festgefahrene Karre aus dem Dreck ziehen soll. Sie denken praktisch und haben Spaß daran, ihren individuellen Beitrag zum allgemeinen Fortschritt zu leisten.
Im Regelfall sind sie wortkarge Zeitgenossen. Ehe sie über etwas zu sprechen beginnen, machen sie sich erst einmal ein klares Bild von der Sache und gehen den Problemen auf den Grund. Dann ziehen sie sich in die Rumpelkammer oder in den Keller zurück, wo sie sich stundenlang einschließen, ehe sie müde, aber zufrieden wieder herauskommen, einsilbig, aber mit vorzeigbaren Ergebnissen.

## *4 – X – Schicksalsrad*
## *Das Stehaufmännchen*

Er gründet ein Geschäft, muß Konkurs anmelden, eine Weile hört man nichts von ihm und glaubt, er habe resigniert und sei hoffnungslos der Trunksucht verfallen. Irrtum! Plötzlich findet man im Briefkasten eine Einladungskarte für seine nächste feierliche Geschäftseröffnung. Rückschläge und Niederlagen können ihn nicht entmutigen.
Daß Erfolg und Mißerfolg in seinem Leben immer beunruhigend dicht beieinander liegen, irritiert ihn nicht. Im

Gegenteil. Wenn das Schicksal wieder einmal gnadenlos gewütet und ihn wie einen zweiten Hiob zugerichtet hat, zieht er daraus die für ihn einzige auf der Hand liegende Schlußfolgerung: »Tiefer kann ich nicht fallen. Von nun an geht es also automatisch wieder aufwärts!« Er weiß: Wem das Wasser bis zum Hals steht, der kann es sich wirklich nicht leisten, den Kopf hängen zu lassen ...

Das Geschäftsleben ist für ihn ein großes Spiel, und wenn er verliert, dann muß er eben beim nächsten Mal den Einsatz verdoppeln. Sein Optimismus ist unverwüstlich und bewährt sich besonders in schweren Zeiten, wenn der Gerichtsvollzieher jede Woche auf ein Plauderstündchen zum Tee kommt.

Sein bestes Kapital ist die Zuversicht, denn sie ist es, die ihn, wenn er am Boden liegt, wieder aufstehen und sich den Staub vom Anzug klopfen läßt.

Früher oder später wird er in materieller Hinsicht erfolgreich sein; seine Fähigkeit zu kreativem Denken, sein Mut, sein Fleiß und seine zähe Beharrlichkeit können auf Dauer nur zum Erfolg führen.

## *4 – XI – Gerechtigkeit*
## *Die Umverteilerin*

Sie weiß, daß diese Erde genug Nahrung und Reichtum für alle Menschen zu geben hat. Die Beseitigung des Elends in der dritten Welt beispielsweise ist für sie nur eine Frage der gerechten Umverteilung zwischen den Industrienationen und den Entwicklungsländern.

Im großen wie im kleinen strebt sie nach materieller Gerechtigkeit. Menschen ihres Schlages sind es, die stellver-

tretend für andere in vergangenen Zeiten um Mindestlöhne, Kranken- und Rentenkassen sowie für ein Recht auf Bildung und medizinische Versorgung auch für die Ärmsten der Armen gekämpft haben.
Die Vorstellung, es könne ihr besser gehen als anderen Menschen, bedrückt sie. Besitz und Privilegien haben für sie immer auch ein bißchen den Makel des Unmoralischen. Insgeheim glaubt sie, Eigentum sei Diebstahl, und alles, was sie habe, sei quasi einem anderen vorenthalten oder weggenommen worden. Wenn sie sich selbst etwas Gutes gönnt, versucht sie, »zum Ausgleich« auch einem anderen Menschen eine kleine Freude zu machen. Wenn sie sich ein sündhaft teures Kleid kauft, fällt auch eine kleine Spende für das Rote Kreuz ab.
Unbewußt fürchtet sie den Neid ihrer Mitmenschen. Deshalb entwickelt sie auch keinen Ehrgeiz, fleißiger, erfolgreicher und wohlhabender als andere zu sein. Sie kann sogar auf die abstruse Idee verfallen, sie müsse gerade dann, wenn es ihr besonders gut geht, zum Gotterbarmen jammern und klagen, damit niemand die scheelen Augen der gelben Mißgunst auf sie richtet.
Auf ihre Hilfsbereitschaft kann man immer bauen. Sie läßt niemanden im Stich.

## *4 – XII – Gehängter*
## *Der Cartesianer*

Sein Weltbild ist streng wissenschaftlicher bzw. mechanistischer Prägung. Was nicht experimentell bewiesen werden oder was man weder sehen noch anfassen kann, das hält er für Hirngespinste überspannter Phantasten. Stünde

eines Nachts der Erzengel Gabriel vor seinem Bett, würde er sich gleich am nächsten Morgen freiwillig in psychiatrische Behandlung begeben.
Er gibt sich abgeklärt und hält sich einiges auf seinen konsequenten Realismus zugute. Seine Überzeugungen sind mechanistisch gefärbt. Möchte man ihn von einer Sache überzeugen, so braucht man nur zu behaupten: »Amerikanische Wissenschaftler haben herausgefunden ...« Dann glaubt er jedes Wort.
Würde man ihm aus purem Vergnügen hundert Mark schenken, wäre er tödlich beleidigt. Er glaubt, man könne sich nur im Schweiße seines Angesichtes sein Brot verdienen. Wenn jemand daherkommt und ihm sagt, Arbeit sei eine Form der Selbstverwirklichung, die Vergnügen und persönliche Befriedigung verspricht, dann erfüllt ihn eine Mischung aus Mitleid und Mißtrauen. Er fürchtet, ein entsprungener Geistesgestörter stünde ihm gegenüber, ein unberechenbarer Psychopath, den man lieber nicht reizen sollte.
Sein Arbeitsethos hat leicht masochistische Züge. Er liebt es, stundenlang mit der Nagelschere die Rasenkanten in seinem Vorgarten zu schneiden. Arbeit, die nicht qualvoll und schweißtreibend ist, die keine disziplinierte Selbstüberwindung kostet, hat für ihn keinen Reiz. Lieber würde er mit einer Zahnbürste die Sickerbecken des Städtischen Klärwerkes reinigen, als daß er als Test-Esser für einen Feinschmecker-Atlas durch die nobelsten Restaurants des Landes zöge.

## *4 – XIII – Tod*
## *Der Aufbewahrer*

Er wirft nichts weg – keine Paketschnur, kein gebrauchtes Geschenkpapier, kein Stückchen Alufolie, das er in einer Tafel Schokolade gefunden hat.

Manche Menschen mit dieser Kombination verfügen über eine ansehnliche Sammlung alter Zeitungen im Keller oder über meterhohe Türme ordentlich ineinander gestapelter Margarinebecher. Fragt man sie, was sie um Gottes willen damit vorhätten, erhält man ein vieldeutiges »Man weiß ja nie, ob man das alles später nicht einmal brauchen könnte« zur Antwort.

Den Kassenbon vom Einkauf Weihnachten vor vier Jahren hebt er genauso auf wie das leere Einweg-Feuerzeug und den Kugelschreiber, mit dem man schon lange kein Wort mehr zu Papier bringen kann. In seinen Schränken finden sich Zigarrenkisten und Pralinenschachteln, die bis zum Rand gefüllt sind mit Dingen, die weder einen einleuchtenden Gebrauchswert noch auch nur die geringste Chance hätten, irgendwann einmal wertvolle Antiquitäten zu werden.

Menschen mit dieser Kombination wirken oftmals ein bißchen ärmlich. Wenn sie aber im salomonischen Alter zu ihren Ahnen gehen, hinterlassen sie ihren erstaunten Erben nicht selten ein gewaltiges Vermögen auf dem Sparbuch sowie einen Keller voller Joghurtbecher, Packpapier, Zeitungen, Kassenbons, Schuhkartons, Luftballons, Lutschbonbons …

Der »Aufbewahrer« ist ein geborener Anti-Verbraucher, ein »Held der Sparsamkeit« und krasser Außenseiter in der auf Kurzlebigkeit der Waren gegründeten Wegwerf-Gesellschaft. Sein Konsum beschränkt sich auf das Lebensnotwendigste. Gäbe es nur Menschen seines Schlages, würde die Wirtschaft von heute auf morgen kollabieren.

## *4 – XIV – Alchemie*
## *Der Instinkt-Psychologe*

Wenn er wissen möchte, wie andere Menschen auf bestimmte Vorschläge, Angebote oder Produkte reagieren, dann teilt er sich gewissermaßen in zwei Hälften: in den spontan Reagierenden und in den kritisch analysierenden Beobachter. Durch diese Technik der Selbstbefragung gewinnt er Einsichten und Daten, die ihm ein Demoskop auch nicht präziser hätte liefern können. Er schließt von sich auf andere und schaut dem »Volk aufs Maul«, indem er seine eigenen spontanen Bewertungen sorgfältig registriert und auswertet.

Im Laufe der Jahre entwickelt er einen sicheren Instinkt, eine Art »sechsten Sinn« für erfolgsträchtige Chancen und solche Projekte, die von vornherein zum Scheitern verurteilt sind. »Abfallprodukt« dieser feinen Witterung ist seine bemerkenswerte Menschenkenntnis. Mit verblüffender Treffsicherheit kann er auf den ersten Blick Prognosen über das Verhalten anderer Menschen erstellen; er sieht sofort, wer Erfolg haben und wer Enttäuschungen erleben wird. Wer unbedingt darauf aus ist, zehn Flaschen Champagner oder eine Konzertkarte zu verlieren, braucht nur am Wahlsonntag eine Wette mit ihm darüber abzuschließen, welche Partei wohl wie hoch gewinnen oder verlieren wird.

Selbsterkenntnis ist für ihn der direkte Weg zum Verständnis seiner Mitmenschen. Indem er sich über die Strukturen seines eigenen Denkens und Fühlens klar wird, stößt er auf kollektive Gesetzmäßigkeiten, aus denen sich wertvolle Rückschlüsse ziehen lassen. Während andere Leute immer wieder entgeistert den Kopf schütteln oder verblüfft ihre Stirn in Falten legen, sieht man, wie er sich zufrieden die Hände reibt und sagt: »Hab' ich's doch gewußt!«

## *4 – XV – Teufel*
## *Macbeth*

Er wünscht sich Macht, Einfluß und Vermögen. Seine ganz persönlichen »Nationalhymnen« sind »I can't get no satisfaction« und »Wenn ich einmal reich wär«. Mit dem, was er hat, ist er nicht zufrieden. Es darf ruhig etwas mehr sein.

Er haßt es, umständlich Rechenschaft über seine Pläne und Aktionen ablegen zu müssen. Am liebsten folgt er seinen plötzlichen Impulsen, seinen Augenblickslaunen, deren Entstehung und Zweck ihm unbewußt sind. Er ist sich selbst in hohem Maße fremd, und seine Freunde kennen ihn besser als er sich. Insgeheim glaubt er, daß Geld automatisch glücklich und mehr Geld mehr glücklich macht. Er sehnt sich nach Zufriedenheit, glaubt aber, Zufriedenheit sei genauso käuflich wie eine Currywurst oder eine Eigentumswohnung.

Ist er zu Reichtum gekommen und begreift er seinen Irrtum, kann er sich zu einem mißvergnügten Tyrannen entwickeln, der sein Geld und seine Macht in erster Linie dazu gebraucht, andere Leute zu schikanieren. Weil er selbst kreuzunglücklich ist, will er auch den anderen das Leben sauer machen.

Er lehnt es kategorisch ab, über sich selbst nachzudenken. Auf die Couch des Psychoanalytikers bringen ihn keine zehn Pferde, und gerne macht er Witze wie: »Die Psychoanalyse ist die Krankheit, die sie zu heilen vorgibt.« Eine böse Hexe hat ihn durch den Zauberspruch: »Haste was, biste was« in eine Warzenkröte verwandelt. Der einzig wirksame Gegenzauber, der ihn erlösen kann, lautet: Glücklichsein ist einfach – sei es, indem du es bist.

## *4 – XVI – Turm*
## *Der Wettkämpfer*

Ständig vergleicht er sich mit anderen: »Haben, wissen, können, leisten, gelten, verdienen sie mehr als ich?« Diese Frage interessiert ihn brennend. Er befindet sich permanent in einem unbewußten Konkurrenzkampf mit seinen Mitmenschen und bringt es fertig, sich ein neues Auto zu kaufen, nur um seinen älteren Bruder zu ärgern. (Wenn der sich aufrichtig mit ihm freut, bricht für ihn sein Weltbild zusammen!)
Ein weiblicher »Wettkämpfer« hat es besonders schwer. Sie muß nämlich einen dauernden »Zwei-Fronten-Krieg« führen: erstens gegen alle anderen Frauen und zweitens gegen die Männer, die sie im Beruf durch doppelte Leistung, doppelte Kompetenz und doppelten Erfolg auszustechen versucht.
Der männliche »Wettkämpfer« hat fürchterliche Angst, er könne nicht der aufregendste Liebhaber, der treusorgendste Ehemann, der beste Vater und der unentbehrlichste Mitarbeiter, kurzum: der großartigste Prachtbursche im Umkreis von zehn Kilometern Luftlinie sein. Allgemeine

Beliebtheit und Anerkennung sind für ihn unabdingbare Voraussetzung seines persönlichen Wohlbefindens. Bisweilen erinnert er an den tragikomischen Willy Loman aus Arthur Millers »Tod eines Handlungsreisenden«, dessen Wunsch, die bürgerlichen Klischee-Ideale zu leben, zur Ursache einer gigantischen Lebenslüge wurde, aus der er sich nicht mehr befreien konnte.

## *4 – XVII – Stern*
## *Die Trösterin*

Geht zu ihr, die ihr mühselig und beladen seid! Bei ihr kann man sich ausweinen, wenn die Frau mit dem Pizzabäcker, die Tochter mit einem anarchistisch-akademischen Biobauern und der pubertierende Sohn mit seiner Lateinlehrerin nach Marokko durchgebrannt, wenn der treulose Dackel entlaufen, das Konto überzogen und die Monatsmiete seit dreieinhalb Wochen überfällig ist.
Wenn Matthäi am letzten ist und das Schicksal hämisch »rien ne va plus« grinst, wenn nichts mehr geht und man nur noch vor der Alternative steht: Strick, Tabletten oder Revolver, wie mach ich mir ein Ende? Dann sollte man sich schleunigst zu ihr flüchten. Vielleicht kann sie nicht helfen. Aber sie kann zuhören. Möglicherweise sieht auch sie im ersten Moment keinen Ausweg aus der Bedrängnis. Doch wen sie tröstend in den Arm nimmt, der weiß: Es kommen auch wieder bessere Zeiten.
Intuitiv spürt sie, wenn jemand verzweifelt ist. Sich zu beherrschen und gute Miene zum bösen Spiel zu machen, hat in ihrer Gegenwart keinen Sinn – sie durchschaut den Schwindel sofort. Man kann ihr keinen Bären aufbinden.

Sie wittert einen traurigen Menschen auf drei Kilometer Gegenwind.
Intuition und die Fähigkeit zu entschlossenem Zupacken gehen bei ihr eine schöne Synthese ein. Nach einer Bestandsaufnahme und eingehenden Analysen krempelt sie die Ärmel hoch, um wieder Ordnung in das chaotische Leben anderer Menschen zu bringen. Gemeinsam mit ihr kann man jede Karre aus dem Dreck ziehen.

## *4 – XVIII – Mond*
## *Der Pläneschmied*

Leute seines Schlages sind es, die die sprichwörtliche Ananas-Plantage in Alaska gründen wollen. Sie beabsichtigen, in der Sahara billiges Wüstenland zu kaufen und es dann mit Eisbergen vom Nordpol zu bewässern. Die Ideen des »Pläneschmiedes« sind schlichtweg genial. Sie haben nur einen Fehler: Man kann sie nicht realisieren, denn die Kosten stehen in keinem Verhältnis zum voraussichtlichen Nutzen.
Der »Pläneschmied« stellt rund um die Uhr Überlegungen an, wie man sich auf pfiffige Art möglichst schnell eine goldene Nase verdienen kann. In der Theorie erwirbt er innerhalb weniger Wochen ein Millionenvermögen, während ihm in der Praxis die letzten Spargroschen durch die Finger rinnen. Wo andere »aus Scheiße Gold« (= mit Biogas ein Vermögen) machen, da gelingt ihm eher das Gegenteil ... Er kauft zum falschen Zeitpunkt die falschen Aktien, wird das Opfer eines betrügerischen Anlageberaters, läßt sich auf dubiose Warentermin-Geschäfte ein und sitzt plötzlich auf zehn Zentnern erbärmlich stinkendem Ziegenkäse.

Er ist fleißig wie ein Heinzelmännchen, gibt jederzeit sein Bestes, aber ihm wird nichts geschenkt. Der Erfolg ist zumeist immer genau da, wo er gerade nicht ist. Optimal ist für ihn ein Beruf, der ihn zu Systematik und Routine zwingt, ihm ein sicheres Einkommen garantiert und ihn so in Anspruch nimmt, daß ihm keine Zeit bleibt, geniale Ideen zu produzieren.

### *4 – XIX – Sonne*
### *Der Goldesel*

Was er anfaßt, wird zu Geld. Wenn er an einem Projekt mitarbeitet, kann es nur ein voller Erfolg werden. Auch wenn er selbst kein ausgesprochenes Glückskind sein sollte, was unwahrscheinlich ist, hat man doch das dumpfe Gefühl, allein schon seine physische Anwesenheit brächte so etwas wie Segen über Menschen und geschäftliche Transaktionen.

Diese Kombination kann »Wunderheiler« hervorbringen, die einfach ihre Hand auf jemanden legen oder ihre Gedankenkraft geballt auf einen Kranken konzentrieren und die Schulmediziner in Erstaunen versetzen. Ihr Leben erscheint wie eine unerklärliche Ansammlung unbegreiflicher, aber ungemein glücklicher Zufälle. Wenn sich der »Goldesel« auf eines verlassen kann, dann darauf, daß im richtigen Moment immer ein kleines Wunder geschieht, das ihm zu Hilfe kommt.

Er ist durchaus kein arroganter Luftikus, der sich etwas auf seine außergewöhnliche Begabung einbildet. Im Gegenteil – je größer und erstaunlicher seine Erfolge sind, desto demütiger wird er. Wenn ein römischer Feldherr, von ei-

nem strahlenden Sieg heimgekehrt, auf dem Triumphwagen durch die jubelnde Menge fuhr und die Ovationen des Volkes entgegennahm, stand immer jemand hinter ihm, dessen Aufgabe darin bestand, wie ein Endlos-Tonband die mahnenden Worte zu wiederholen: »Bedenke, daß du nur ein Mensch bist!«
Solch einen Mahner braucht der »Goldesel« nicht. Seine angeborene Bescheidenheit bewahrt ihn vor Größenwahn.

## *4 – XX – Aeon*
## *Der frische Wind*

»Siehe, ich mache alles neu«, so könnte sein Wahlspruch lauten. Zu Hause erweist er sich als begabter Heimwerker, der in der Lage ist, seine Wohnung eigenhändig zu renovieren: von den Sanitäranlagen bis zum Dachstuhl, von den Zimmerdecken bis zum Teppichboden. Im Beruf fällt er durch seine Aufgeschlossenheit neuen Techniken und Methoden gegenüber auf. Wo Langeweile und Stagnation herrschen, da bringt er frischen Schwung und neue Ideen. Im Freundeskreis betätigt er sich gern als Stifter von Bekanntschaften, Freundschaften und Ehen. Er motiviert seine Mitmenschen und reißt sie aus ihrer Lethargie heraus.
Er ist kinderlieb und naturverbunden. Sowohl in Kindern als auch im Kreislauf der Jahreszeiten in der Natur erblickt er Symbole einer ständigen großen Erneuerung des Lebens, als deren bescheidenes Werkzeug er auch sich selbst betrachtet. Ob er Rosen züchtet oder Altbauten saniert, an der Verbesserung von Produktionstechniken mitarbeitet oder Autos repariert, als Gewerkschafter für die 35-Stun-

den-Woche kämpft oder Antiquitäten restauriert – immer trägt er auf seine Weise dazu bei, daß etwas bereits Bestehendes erneuert, verbessert, funktionstüchtiger gemacht wird.
Das Prinzip der Erneuerung wendet er auch konsequent auf sich selbst an. Er lernt nie aus, bildet sich weiter, interessiert sich für ein breites Spektrum von Wissensgebieten, stellt sich flexibel auf alles Ungewohnte ein, ändert sein äußeres Erscheinungsbild, hat Spaß an der Mode und an neuen Tendenzen.

## *4 – XXI – Universum*
## *Der ›troubleshooter‹*

Ist das Kind in den Brunnen gefallen? Er holt es wieder heraus. Steht jemandem das Wasser bis zum Hals? Er pumpt die Überschwemmung ab. Ruinen und Scherbenhaufen – im übertragenen Sinne – sind seine liebsten Betätigungsfelder. Ist der Sonntagsbraten verkohlt, der Stoff für ein Kleid verschnitten oder beim Stricken eine Masche verloren gegangen, dann krempelt er sich mit seiner unverwüstlichen Trümmerfrauen-Mentalität die Ärmel hoch und rettet, was zu retten ist.
Wo andere kapitulieren, packt er zu. Alles Halbfertige macht ihn nervös, Fragmente regen seine Kreativität an. Er bringt es fertig und schreibt Goethes »Prometheus-Fragment« oder Schuberts »Unvollendete« fertig, nur um seinem beleidigten Ordnungssinn Satisfaktion zu verschaffen.
Ein Mann, ein Wort – er steht für seine übernommenen Pflichten gerade. Wenn ein anderer sich aus dem Staub ge-

macht hat, springt er ein; angefangenen und liegengelassenen Arbeiten, vor denen seine Freunde oder Kollegen davongelaufen sind, gibt er den letzten Schliff. Er hat einen scharfen Blick für verbesserungsbedürftige Details und kann aus mittelmäßigen Produkten wahre Meisterwerke machen.

Er gleicht einem Edelsteinschleifer, der so lange an einem unscheinbaren Kristall arbeitet, bis er ein kostbares Juwel in Händen hält. Mit der Geduld eines professionellen Schachspielers mistet er jeden Augias-Stall aus und beseitigt die »Erblast«, die ihm seine Vorgänger hinterlassen haben.

**Der Narr**

Der Magier

Die Hohepriesterin

Die Herrscherin

Der Herrscher

Der Hierophant

Die Liebenden

**Der Wagen**

**Die Kraft**

**Der Eremit**

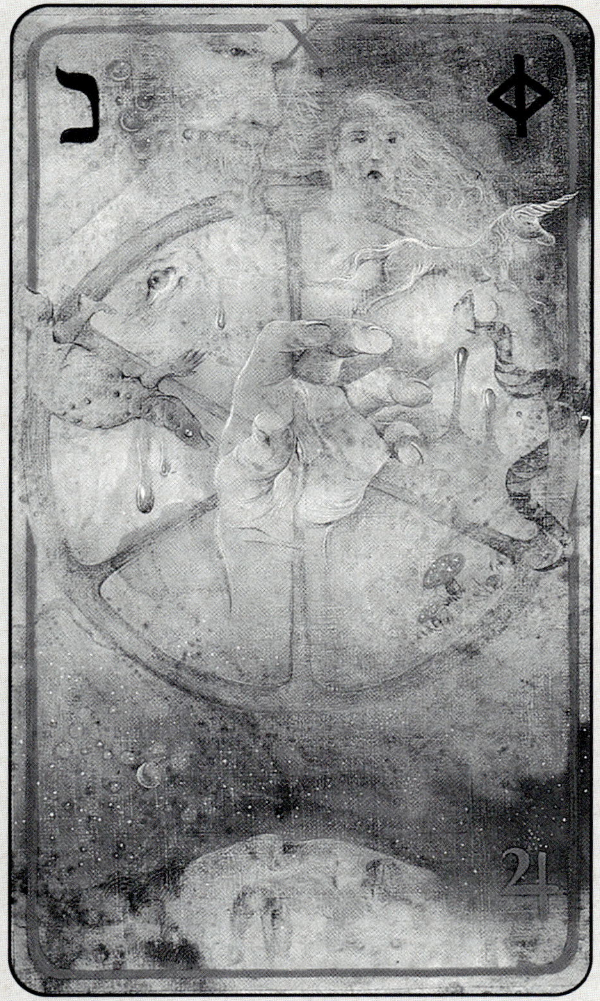


Das Schicksalsrad

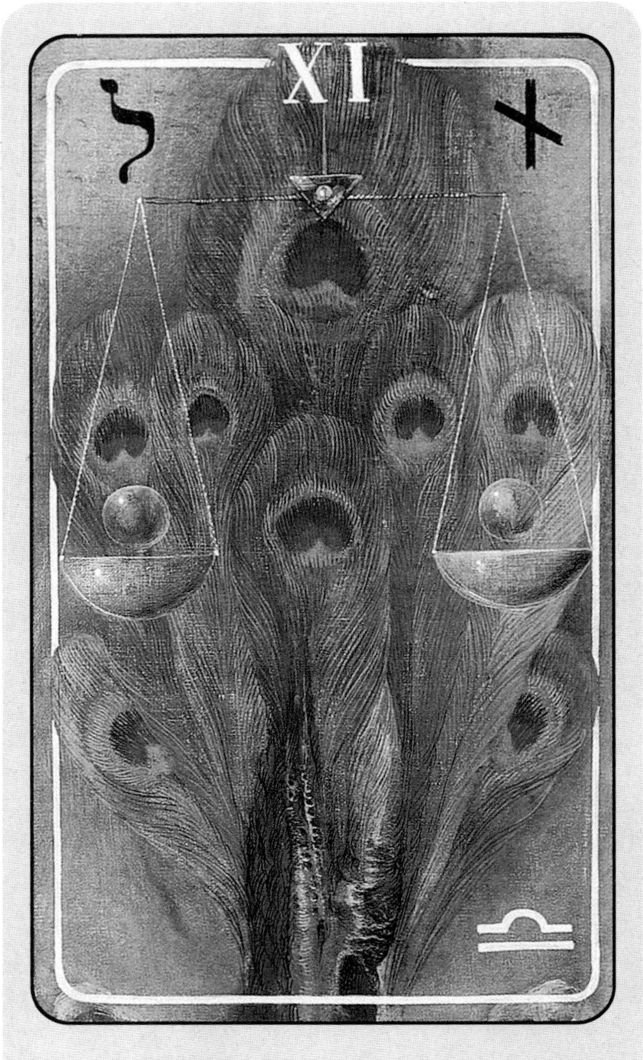


Die Gerechtigkeit

**Der Gehängte**

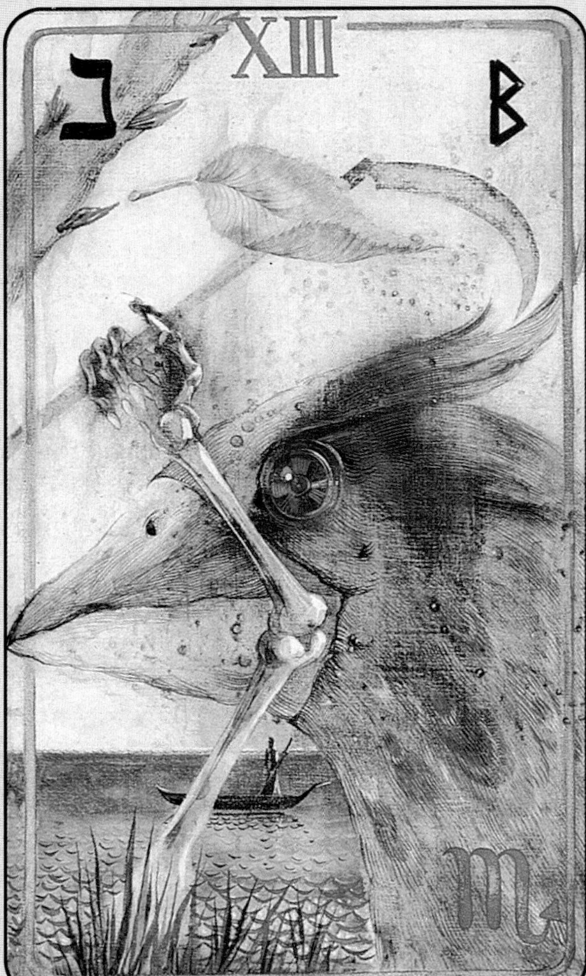


Der Tod

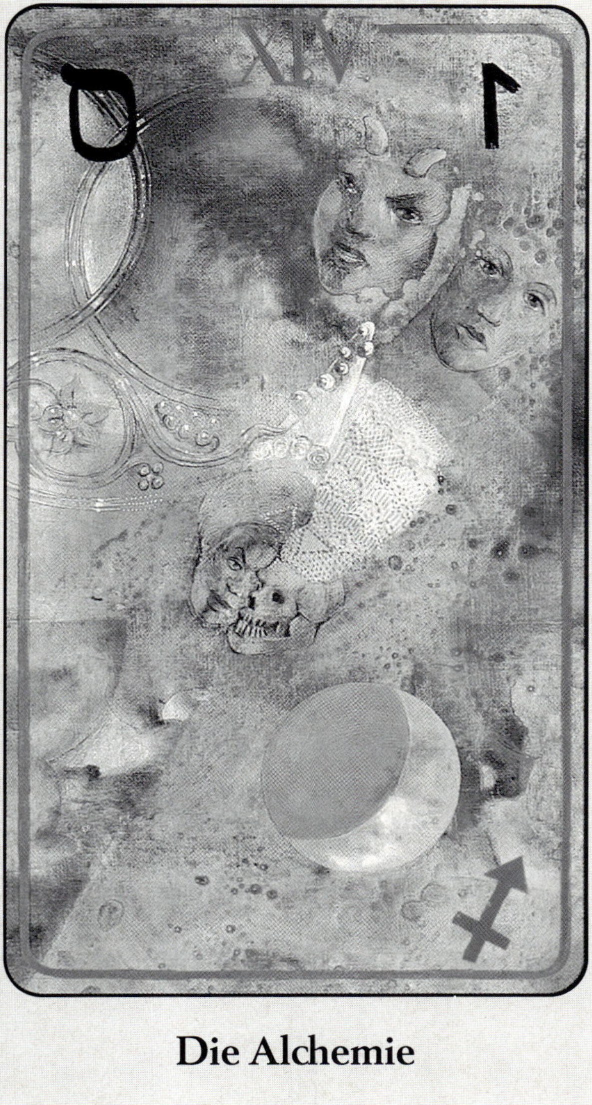


Die Alchemie

**Der Teufel**

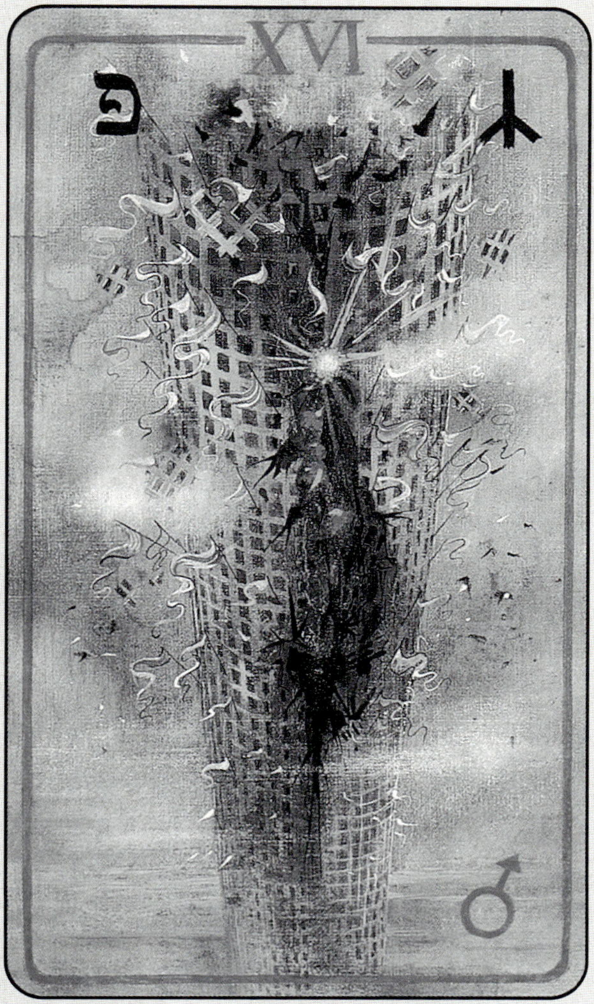


**Der Turm**

Der Stern

Der Mond

**Die Sonne**

Das Aeon

Das Universum

# Kapitel 5

## *5 – 0 – Narr*
## *Der Querdenker*

Zopfige Traditionen sind für ihn wie die bösen Drachen aus den Mythen – sie müssen von einem couragierten St. Georg oder Siegfried überwunden werden. Der »Querdenker« stellt Althergebrachtes zur Diskussion. Er hat nicht verlernt, mit kindlicher Wißbegier so lange die Frage »Warum?« zu stellen, bis auch der letzten Schlafmütze klar wird, daß die Herrschaft der Konventionen einzig und allein auf den tönernen Füßen allgemeiner Gutgläubigkeit und Denkfaulheit steht. »Warum ist das so?« fragt er, und er folgert messerscharf: »Es könnte auch ganz anders sein, wenn wir nur wollen.«

Daß Frauen in »Männerberufen« arbeiten dürfen, daß Leibeigenschaft und Feudalismus abgeschafft worden sind und wir nicht mehr in einer Gesellschaft leben, in der die soziale Herkunft über die Chancen des einzelnen entscheidet – dies alles ist das Werk der »Querdenker« in der Geschichte. Sie haben sich nicht in das vorgeblich »Unvermeidliche« gefügt, sondern den Mut aufgebracht, mit nervtötender Verbohrtheit alles Gewohnte immer wieder neu zu hinter-fragen und Alternativen zu den bestehenden Zuständen aufzuzeigen. Sie waren unbequeme Garanten des sozialen Fortschritts.

Der freundschaftliche Umgang mit dem »Querdenker« hat etwas ungemein Erfrischendes und Befreiendes. Er macht seine Mitmenschen auf die geistigen Fesseln aufmerksam, mit denen sie sich selbst versklaven. Seine unbefangene Respektlosigkeit vermittelt eine Idee davon, wie frei und geistig unbeschwert der Mensch sein könnte, wenn er nur wollte.

## *5 – I – Magier*
## *Der Allzweck-Mann*

Er ist mobil, flexibel und die Geschicklichkeit in Person. Schaut er einem Handwerksmeister eine Weile auf die Finger, dann ist er kurz darauf in der Lage, dieselbe Arbeit mit spielerischer Eleganz sogar noch einen Hauch perfekter zu verrichten. Durch aufmerksames Beobachten kann er sich Fähigkeiten und Wissen jeder Art aneignen. Er arbeitet konsequent nach dem »Try-and-error«-Verfahren. »Learning by doing« ist seine Zauberformel. Er bewertet die Dinge nur nach dem Maßstab ihrer Praktikabilität im Alltag. »An ihren Früchten sollt ihr sie erkennen«, grinst er, wenn verbissene Dogmatiker mit ihrem »Tunnelblick« die engen Grenzen ihres geistigen Horizonts unter Beweis stellen.
Autoritäten und gefürchtete Respektspersonen können ihn nicht einschüchtern. Er weiß, daß er von niemandem abhängig ist und notfalls auch eine Würstchenbude eröffnen oder nach Australien auswandern könnte. Dieses Bewußtsein seiner Freiheit ist die Grundlage seines Selbstbewußtseins.
An veränderte Umstände kann er sich perfekt anpassen. Für ihn gibt es immer akzeptable Alternativen zu dem, was er tut oder wie er lebt. Wenn ihm sein Job keinen Spaß

mehr macht, sucht er sich einen neuen oder erfindet kurzerhand einen Beruf, der seinen vielfältigen Talenten wie ein Maßanzug auf den Leib zugeschnitten ist. Es gibt nichts, was er nicht kann, denn seine spielerische Lernfähigkeit versetzt ihn in die Lage, jederzeit wieder etwas Neues zu beginnen.

## *5 – II – Hohepriesterin*
## *Die Selbstbewußte*

Sie ist gutmütig und geduldig, die personifizierte Nachsicht – solange man sie nicht ernsthaft verärgert. Es ist keine ganz ungefährliche Sache, sie zur Gegnerin zu haben, denn ihr Zorn trübt nicht etwa ihren Verstand, sondern ganz im Gegenteil: Wut macht sie erfinderisch. Sie hat das Selbstbewußtsein eines Elefanten, der genau weiß: Ich habe keine natürlichen Feinde.
Begeisterungsfähigkeit und Risikobereitschaft verleihen ihr intellektuelle Beweglichkeit. Hier ein kleines Abenteuer und da eine amüsante Eskapade machen ihr Leben abwechslungsreich. Während die Biographie eines »braven Bürgers« mühelos in aller Ausführlichkeit auf einer Postkarte Platz findet, würden ihre Erlebnisse dickleibige Wälzer füllen – vorausgesetzt, sie gäbe auch nur einen Bruchteil ihrer aufregenden Geheimnisse preis.
Niemand kann sie wirklich kennen. Immer wieder werden neue Seiten ihres facettenreichen Charakters sichtbar. Ein verborgenes Hintertürchen pflegt sie sich stets offen zu lassen, und wenn das Spiel verloren scheint, schüttelt sie noch einen versteckten Trumpf aus dem Ärmel.
Sie hat ein gesundes Urvertrauen zu sich selbst. Vor dem

Spiegel stehend, begrüßt sie ihr Ebenbild mit den markigen Worten: »Ich und du – solange wir zwei beiden uns haben, kann uns nichts geschehen!«
Wer den Versuch unternimmt, sie in einen »goldenen Käfig« zu sperren, erleidet Schiffbruch und steht am Ende als Genasführter da, der zum Schaden auch noch den Spott zu ertragen hat. Sie läßt sich nicht korrumpieren, und wer ihre Freiheit beschneiden und sie gegen ihren Willen zum Bleiben zwingen will, der muß sie schon chloroformieren.

## *5 – III – Herrscherin*
## *Die Ubiquitäre*

Wohin man auch kommt – sie war entweder schon da oder befindet sich in unmittelbarer Nähe. Auf der Opernpremiere und bei der Seance, auf der Vernissage und bei der Dichterlesung, im neuen Fitness-Center und bei der Modenschau, beim Pferderennen und im Reformhaus, auf Ibiza, in Schwabing und auf Sylt – überall läuft man ihr über den Weg, und man kann sich des Gedankens nicht erwehren, sie sei in Wirklichkeit eines von fünf eineiigen Zwillingsgeschwistern, die unabhängig voneinander in identischem Outfit vergnügt durch die Gegend brausen.
Jeden Abend brav daheim vor dem Fernseher zu hocken, bringt sie nicht fertig. Fieberhaft sucht sie die Begegnung mit interessanten Menschen. Das Verzeichnis ihrer Freunde und Bekannten würde das Telefonbuch einer mittleren Kleinstadt füllen.
Schönheit, Wohlstand und Vergnügen sind ihr Element. Auch als Sozialhilfe-Empfängerin gelingt es ihr, den Ein-

druck von Dolce vita und Überfluß zu erwecken. Talmi verwandelt sich, um ihren Hals gelegt, in ein kostbares Brillantcollier, und wenn sie das billige Fähnchen aus dem Ausverkauf trägt, wird jeder es für ein Pariser Modellkleid halten.
Sie hat sich recht von Herzen lieb. Zeuge zermürbender Selbstanklagen und pseudo-psychologischer Selbstzerfleischungsorgien wird man bei ihr nicht werden. Sie liebt das Leben, und das Leben liebt sie heiß und innig zurück. Als zwölffache Urgroßmutter hat sie immer noch zehn Verehrer an jedem Finger. Von Menschen mit dieser Kombination kann man lernen, was Lebensfreude ist.

## *5 – IV – Herrscher*
## *Der Eroberer*

Wenn er eine Festung erobert hat, läßt er sie achtlos hinter sich zurück und zieht neuen Abenteuern entgegen, nimmt neue Herausforderungen an und mißt anderswo seine Kräfte mit Widerständen und Hindernissen.
Ob Fremdenlegionär oder Entwicklungshelfer, Spitzensportler oder rasender Reporter – der Eroberer hetzt von Erfolg zu Erfolg. Sein Beruf macht ihm nur so lange Spaß, bis er der Vorgesetzte seines Chefs ist. Aus dem Nichts stampft er ein eigenes Geschäft aus dem Boden, um es kurzerhand zu verkaufen, sobald es saftige Profite abwirft. Was er auch anpackt, gelingt ihm nach einer Weile. Darin liegt seine geheime Tragik, denn instinktiv ist er auf der Suche nach Niederlagen. Wie der Prinz aus dem Märchen »Von einem der auszog, das Fürchten zu lernen«, so macht auch er sich auf, um das Verlieren und Scheitern zu lernen.

In der Niederlage hofft er, die Tiefen seiner Psyche ausloten zu können. Doch es gelingt ihm einfach nicht, eine »Niederlage zu erringen«. Er ist gnadenlos zum Erfolg verdammt.
Er bricht die Herzen der stolzesten Frau'n. Verzweifelt sucht er die Eine, die ihn konsequent abweist und ihn zum Schmachten verurteilt, die ihn um den Schlaf bringt und sich nicht in seine stattliche Sammlung »eroberter Festungen« einreihen läßt. Wie ein winselnder Hund möchte er ihr zu Füßen liegen – aber er findet sie nicht.
Menschen mit dieser Kombination haben das Flair des »Unwiderstehlichen«. Auf Anhieb gelingt es ihnen, die Sympathien ihrer Mitmenschen zu gewinnen.

## *5 – V – Hierophant*
## *Der Trainer*

Instinktiv weiß er, wie aus jedem Menschen das individuelle Optimum an Leistung, Lebensfreude oder Lernfähigkeit herausgekitzelt werden kann. Bewußt oder unbewußt ist er sein Leben lang damit beschäftigt, andere zu motivieren. »Versuch's doch einfach mal!« dürfte zu denjenigen Sätzen zählen, die er mit Abstand am häufigsten ausspricht.
Er glaubt fest daran, daß in jedem Menschen ein gigantisches Potential an Aktivität, Kreativität und Originalität brachliegt. Es bekümmert ihn zu sehen, wie viele Menschen passiv und lethargisch wie Zombies, lebendige Tote, durchs Leben stolpern, ohne den geringsten Ehrgeiz zu entwickeln, mehr aus sich zu machen. Deshalb hat er es sich zum Ziel gesetzt, die »armen Zombies« auf ihre

schlummernden individuellen Talente aufmerksam zu machen, sie ermunternd anzutreiben und den Prozeß tatsächlicher Selbst-Verwirklichung bei ihnen in Gang zu setzen.
Menschen mit dieser Kombination sind die eigentlichen Lehrer auf dieser Welt. Sie vermitteln nicht in erster Linie Lehrstoff, sondern spielerischen Spaß am Lernen, nicht unbedingt Kenntnisse, aber den Mut und die Freude daran, sich Kenntnisse anzuzeignen. Ihre Begeisterung ist ansteckender als der heimtückischste Grippevirus. Mit Elan und mitreißendem Enthusiasmus können sie notfalls sogar einer ägyptischen Mumie beibringen, Rock 'n' Roll zu tanzen. Phlegmatische Trantüten verwandeln sich unter ihrer Obhut in hellwache, vor Aktivität nur so sprühende Energiebündel.

## *5 – VI – Liebende*
## *Der Eifersüchtige*

Selbst nach wochenlanger intensivster Grübelei würde ihm kein plausibler Grund einfallen, weshalb es unbedingt notwendig war, den bewährten mittelalterlichen Keuschheitsgürtel abzuschaffen. Die Wieder-Einführung des Tschadors im Iran unter dem Ajatollah Chomeini hält er für eine nachahmenswerte Maßnahme. Hat seine Frau oder Freundin mit der Behauptung das Haus verlassen, sie wolle ihre beste Freundin besuchen, prüft er die Aussage telefonisch nach.
Er ist mitunter erstaunlich inkonsequent. Einerseits verlangt er von seiner Partnerin strikte Monogamie, auf der anderen Seite reklamiert er für seine eigene Person gewisse

Freiräume, auf die zu verzichten er weder willens noch fähig ist. Auf diesen Widerspruch angesprochen, zuckt er mit einem unnachahmlich charmanten Lächeln die Schultern und belehrt seinen Gesprächspartner darüber, daß man nicht Äpfel mit Birnen vertauschen dürfe: »Bei einem Mann ist das etwas ganz anderes!«
Es deprimiert ihn entsetzlich, im falschen Jahrhundert und im falschen Erdteil geboren worden zu sein. Hätte er die freie Wahl, so wäre er lieber vor einigen hundert Jahren im Orient als Pascha und Eigentümer eines vielköpfigen Harems auf die Welt gekommen.
Die weiblichen Vertreter dieses Typus fühlen im Prinzip genauso; bei ihnen dominiert allerdings das Moment der Ambivalenz. Sie lieben immer zwei Partner zugleich, sei es auch nur in ihren Träumen oder Gedanken. In den Armen des einen denken sie an den anderen.

## *5 – VII – Wagen*
## *Der Krieger*

Im Kern ist er eine Kreuzung aus John Wayne und Humphrey Bogart, mit der Mentalität eines einsamen Guerilla-Kämpfers im Asphaltdschungel. Sein Weltbild ist konservativ geprägt, sowohl was seine politischen als auch was seine moralischen Überzeugungen angeht. Ohne Sonnenbrille und angeklebten Vollbart würde er nur höchst widerstrebend einen Kinderwagen durch die Straßen schieben.
Sein maskulines Flair hat etwas aufregend Altmodisches. Gerade weil er ein kleiner Macho ist, kommt er bei Frauen so ungeheuer gut an. Er ist so etwas wie ein lebendiges Fos-

sil aus voremanzipatorischen Zeiten, als »Männer noch Männer und Frauen noch Frauen« waren. Auch wenn er sich als WG-erfahrener Softie tarnt und die harte Schule der aufreibenden Beziehungs-Kisten-Diskussionen erfolgreich absolviert hat, kann er doch seinen wahren Wesenskern nicht dauerhaft verleugnen. Er ist nun einmal ein »starker Mann«, an dem alle »Weichspüler-Gespräche« folgenlos vorbeigerauscht sind.
Frauen mit dieser Kombination sind im Regelfall ungemein sportlich, schlank und knabenhaft. Sie werden von Männern eher als »Kumpel« und »Kamerad« denn als Geliebte behandelt. Daß hinter der Amazonen-Fassade ein feuerspeiender Vulkan auf zwei Beinen schlummert, der mit naturgewaltiger Leidenschaft ausbrechen kann, würde auf den ersten Blick niemand vermuten.
In Pompeji hat man den Vesuv unterschätzt. Die Folgen sind bekannt.

## *5 – VIII – Kraft*
## *Die Experimentierfreudige*

Placet expiriri, so könnte ihr Motto lauten. Sie probiert Menschen und Meinungen an wie andere Leute Kleidungsstücke. Was ihr gut zu Gesicht steht, trägt sie eine Weile, bis die Lust auf etwas oder jemanden Neues sie wieder mit magischer Anziehungskraft in eine der zahlreichen »Umkleidekabinen« ihres Lebens hineinzieht. Als Salonlöwin ging sie hinein, als Bio-Bäuerin tritt sie wieder heraus. Von heute auf morgen verwandelt sich die hochsensible Dichterin in eine streitbare Sprecherin der neuen Bürgerinitiative, um sich kurz darauf in den Manager eines Chemie-Konzerns zu verlieben, mit dem sie einige Wo-

chen auf den Bahamas verbringt, wo sie durch ungeklärte Umstände zum Katholizismus konvertiert, von dem sie sich jedoch bald darauf wieder abwendet, weil ihr die Bücher Feuerbachs in die Hände geraten sind.
Das Leben ist für sie ein großes Theater, und sie spielt jede angebotene Rolle mit Bravour. In jedem Menschen erblickt sie so etwas wie einen weißen Fleck auf der Landkarte, den es näher zu erforschen gilt, sei es auf intellektuellem oder erotischem Gebiet.
Männliche wie weibliche Vertreter dieser Kombination haben ein »großes Herz« mit so vielen Kammern und Stübchen, daß sie gar nicht anders können, als ein Luxus-Hotel daraus zu machen. Wie seltene Schmetterlinge flattern sie anmutig von Blüte zu Blüte. Sie sind immer nur auf der Durchreise. Man sollte sich über ihren Besuch freuen, aber nie versuchen, sie gewaltsam zum Bleiben zu zwingen.

## *5 – IX – Eremit*
## *Der Selbstgenügsame*

Auf die Frage, wen oder was er am liebsten mit auf eine einsame Robinson-Insel nehmen würde, müßte seine ehrliche Antwort lauten: »Mich selbst!« Die Tatsache, daß er ein amüsanter, espritvoller Plauderer ist, täuscht leicht darüber hinweg, wie minimal sein Bedürfnis nach Gesellschaft ist.
Die Nähe anderer Menschen zählt nicht zu den unabdingbaren Voraussetzungen seines persönlichen Wohlbefindens. Sein Hund oder seine Bücher haben einen größeren Unterhaltungswert für ihn als die meisten Zeitgenossen. Er ist lieber allein als mit anderen gemeinsam einsam. Viele

Menschen stürzen sich in panischer Hyperaktivität in den Trubel, um vor ihrer eigenen inneren Leere zu entfliehen. In der Gemeinschaft suchen sie das, was sie in sich selbst nicht finden. Der »Selbstgenügsame« genießt seine harmonische Zentriertheit. Er ruht in sich wie ein überirdisch selig lächelnder Buddha.
Auf viele Menschen wirkt er undurchschaubar und geheimnisvoll. Es beunruhigt sie, daß ihre kleinen Vergnügungen ihn nur langweilen. Weder auf dem Schützenfest noch auf dem Jahrmarkt sieht man ihn; volkstümliche Massen-Belustigungen besucht er nur dann, wenn man ihn mit sanfter Gewalt dazu zwingt. Dennoch verwandelt er sich immer wieder in einen »Kometenkern«, der mit herbem Charme und intelligentem Witz die Lacher auf seine Seite bringt. Er braucht die anderen Menschen nicht, aber sie brauchen ihn – das macht ihn so ungemein interessant.

## *5 – X – Schicksalsrad*
## *Der Spieler*

Wetten, Spekulationen und Glücksspiele faszinieren ihn. In seiner unverwüstlichen Pokerspieler-Mentalität setzt er auf skurrile Weise gern einmal alles auf eine Karte. Dinge, die überhaupt nichts miteinander zu tun haben, werden durch seine nicht immer leicht nachvollziehbaren Gedankengänge miteinander verknüpft, beispielsweise, indem er sich sagt: Wenn Bayern München heute den HSV besiegt, dann werde ich mich mit meiner Freundin offiziell verloben. Oder: Wenn das nächste Kind von Prinzessin Di ein Mädchen ist, höre ich mit dem Rauchen auf.
Auch wenn er noch nie im Leben eine Spielhölle betreten

hat, ist er in seinem Herzen doch ein Spieler, der das Risiko sucht, sich willig einem »Gottesurteil« unterwirft und immer wieder den Zufall über seinen weiteren Lebensweg entscheiden läßt. Seine Wettleidenschaft kann ihn im Extremfall um Haus und Hof und an den Bettelstab bringen, denn jeder Verlust motiviert ihn zu doppeltem Einsatz beim nächsten Mal.
Risikobereitschaft, Intelligenz und Geschäftstüchtigkeit, drei seiner Haupteigenschaften, können ihn zu einem ebenso unkonventionellen wie erfolgreichen Geschäftsmann machen, der einen feinen Instinkt für das ständige Wechselspiel der Wirtschaftszyklen an den Tag legt. Menschen mit dieser Kombination sind geistig beweglich, dynamisch und auf eine sympathische Art und Weise vollkommen unberechenbar.

## *5 – XI – Gerechtigkeit*
## *Die Dolmetscherin*

Sie versteht sich als »ehrliche Maklerin«, die ohne selbstsüchtige Hintergedanken vermittelnd in den Gang der Dinge eingreift. Weil sie genau weiß, daß die Mehrzahl aller Konflikte auf simplen Mißverständnissen beruht, ist es ihr Ziel, Mißverständnisse aufzuklären. Sie verfügt über ein feines Ohr für die »individuelle Sprache« anderer Menschen. Was im Sprachgebrauch des einen ein aufrichtiges Kompliment ist, kann für den anderen eine tödlich beleidigende Bedeutung haben. Sagt ein Sechzehnjähriger anerkennend zu einer vornehmen Dame, sie sei aber wirklich eine geile Tussi, so würde diese sicherlich empört die Handtasche schwenken, käme nicht rechtzeitig die »Dol-

metscherin« dazwischen, um durch ihre Übersetzerarbeit das Schlimmste zu verhüten.
Diplomatie und Intuition machen sie zu einer unentbehrlichen Garantin des Betriebs- und Familienfriedens. Wenn sie als Fürsprecherin eines in Ungnade gefallenen Tabu-Brechers auftritt, ist ihm die Rehabilitation so gut wie sicher. Im tobenden Wüterich erkennt sie den schwer gekränkten Sensiblen; die bockige Kratzbürste entlarvt sie als versöhnungsbereite, aber verunsicherte Freundin, die nicht den ersten Schritt auf den anderen zuzugehen wagt. Der böse Klang unüberlegt dahergesagter Worte kann sie nicht irreführen. Hinter den bösen Worten einer »beleidigten Leberwurst« wittert sie einen heimlichen Hilferuf. Daß die eigentlichen Botschaften tief unter der Oberfläche von Worten, Gesten und Mimik verborgen sind, ist ihr bewußt. Intuitiv begreift sie, was jemand sagen möchte, auch wenn er das Gegenteil von dem sagt, was er fühlt.

## *5 – XII – Gehängter*
## *Der Sündenbock*

Menschen mit dieser Kombination haben einen makaber-masochistisch geprägten Sinn für Humor. Sie finden es durchaus amüsant, wenn man ihnen ständig die Schuld an allen möglichen Tragödien und Mißgeschicken in die Schuhe schiebt, ja, sie fordern es geradezu heraus. Hungerkatastrophe in der Sahel-Zone? Hagelschauer in Niederbayern? Rotwein auf den weißen Berberteppich gekleckert? Na klar, sie nehmen die Schuld auf sich. Das Verursacherprinzip bräuchte es, wenn es nach ihnen ginge, gar nicht zu geben. Mit stoischer Gelassenheit übernehmen sie

die Verantwortung für die Übeltaten wildfremder Menschen und lenken den empörten Volkszorn auf sich.
Der »Sündenbock« ist ein tiefgründiger, kompliziert-vertrackter Charakter. Im Grunde will er weder beliebt noch glücklich sein. Wenn er nicht seine tägliche Portion Frust bekommt, ist er kreuzunglücklich. Als gefeierter Held und »everybody's darling« würde er sich die schwersten Vorwürfe machen und schleunigst in alle erreichbaren Fettnäpfchen treten, um den gewohnten Urzustand wieder herbeizuführen.
Seine heimlichen Vorbilder sind der Glöckner von Notre Dame und Kaspar Hauser, die tragisch-melancholischen »Brüder« des Till Eulenspiegel, die als scheinbar bemitleidenswerte Trottel ihrer herzlosen Umwelt einen Spiegel vor Augen halten, und deren Schicksal ein Prüfstein für den tatsächlichen Grad der Menschlichkeit ihrer ach so zivilisierten, gebildeten Mitmenschen ist. Wer diesen heimlichen Philosophen im abgerissenen Harlekin-Gewand unterschätzt oder verspottet, stellt sich selbst damit sein eigenes Armutszeugnis aus.

## *5 – XIII – Tod*
## *Die Katze*

Menschen mit dieser Kombination sind wie Katzen, denen nachgesagt wird, sie hätten sieben Leben und fielen immer auf die Füße. Sie haben das große dynamische Wechselspiel von Yin und Yang intuitiv begriffen. Entstehen und Vergehen sind für sie zwei Seiten derselben Medaille. Sie klammern sich nicht unnötig lange an unhaltbar gewordene Zustände. Weder stimmen sie herzzerreißende Kla-

gelieder über die Vergangenheit an, noch sehen sie mit der erstarrten Panik des Kaninchens im Anblick der Schlange in die Zukunft.
Bisweilen ähneln sie den Ratten, die das sinkende Schiff verlassen: Wenn sie sich von einer Sache abwenden, kann man mit an Sicherheit grenzender Wahrscheinlichkeit davon ausgehen, daß sich kurz darauf eine unerklärliche Verkettung widriger Zufälle ereignet, und man mit einer Mischung aus Neid und Bewunderung zugibt: »Sie haben's frühzeitig erkannt!«
Wenn etwas »in der Luft liegt«, wittern sie es sofort, lange vor den anderen. Entsprechend können sie frühzeitig ihre Präventiv-Dispositionen treffen und auf ein besseres »Pferdchen« setzen. Ihre Hellsichtigkeit hat etwas Beunruhigendes. Dauerhaft stabile Verhältnisse gibt es bei ihnen nicht. Mit schöner Regelmäßigkeit gelangen sie an den Punkt, daß sie ihr gesamtes Leben für grundsätzlich renovierungsbedürftig halten.
Trotz ihrer Kontaktfreude und ihrem Spaß an der Geselligkeit ist die »Katze« eine Einzelgängerin, die sich auf Samtpfötchen davonschleicht, sobald der Jagdinstinkt in ihr wach wird. Die Katze läßt das Mausen nicht...

## *5 – XIV – Alchemie*
## *Der Dialektiker*

Wo andere sagen: »Entweder – oder«, da grinst er: »Sowohl – als auch!« Er läßt sich keine künstlichen Alternativen aufzwingen, und während andere Menschen unter selbstgeschaffenen »Sachzwängen« stöhnen, versteht er es, sich stets ein Hintertürchen offen zu halten. Scheinbare

Gegensätze bringt er mühelos unter einen Hut. Stellt man ihn vor die Wahl, sich von zwei Möglichkeiten entweder für die eine oder für die andere zu entscheiden, so findet er nach kurzer Denkpause sicherlich einen Weg, wie er es schaffen kann, beides zu bekommen. In der Rolle eines Paris mit dem Apfel, der unter den Göttinnen Juno, Venus und Minerva die Schönste auswählen sollte, hätte er sofort zum Taschenmesser gegriffen, den Apfel gevierteilt und mit den Damen ein gemeinsames Picknick veranstaltet.
Mit dem universalen Dampfbügeleisen seines Intellekts glättet er jeden störenden Widerspruch, der seine Argumentationsketten zum Reißen bringen könnte. Wer sich mit ihm auf eine Grundsatzdiskussion einläßt, dem ergeht es wie beim Duschbad im Kampf mit der Seife, die einem ständig entglischt und weder mit List noch mit Gewalt so recht zu packen ist.
Wie er es schafft, immer genau im richtigen Augenblick wortgewandte Fürsprecher und einflußreiche Verbündete zu mobilisieren, wird wohl auf ewig sein kleines »Betriebsgeheimnis« bleiben. Ob Politiker oder Putzfrau, ob Müllmann oder Millionärin – Menschen mit dieser Kombination sind geniale Schlaumeier, denen man nie den geringsten Fehler wird nachweisen können, denn jede Not interpretieren sie kurzerhand in eine strahlende Tugend um.

## *5 – XV – Teufel*
## *Der Unwiderstehliche*

Er wechselt seine Überzeugungen wie andere Leute die Unterwäsche – bis zu dreimal täglich. Unübertroffen ist er als Produzent von charmanten Komplimenten, die jedem

Berufswiener zu höchster Ehre gereichen würden. Mühelos und elegant wickelt er die Menschen um seinen kleinen Finger. Wes Brot er ißt, des Loblied schmettert er mit der Inbrunst eines Heldentenors.
Als Musterbild an Treue und Beständigkeit kann man ihn nicht gelten lassen. Seine Lieblingslieder sind: »Die Nacht ist nicht allein zum Schlafen da« und »Kann denn Liebe Sünde sein«. Wenn sein Bettchen sprechen könnte, müßte man diese Erzählungen aus »Tausendundeiner Nacht« sofort als jugendgefährdend einstufen.
Der Volksmund sagt: »Als der Teufel alt wurde, ging er ins Kloster.« Menschen mit dieser Kombination geben ein schönes Beispiel ab für den Wahrheitsgehalt dieses Sprichwortes. Mit zunehmendem Alter finden sie mehr und mehr Gefallen an sittenstrengen Moralvorstellungen und dogmatischen Religionen. Nicht selten macht der feurige junge Casanova eine Metamorphose zum griesgrämigen Tugendapostel durch. Der zahnlose Tiger behauptet, freiwillig zum Vegetariertum konvertiert zu sein ...
Ob man will oder nicht – und meistens will man ganz entschieden nicht! –: man muß ihn einfach mögen. Vermutlich hat er Crowleys berühmtes »Unwiderstehlichkeits-Parfüm« in einer alchemistischen Giftküche weiterentwikkelt und ein noch besseres Herstellungsverfahren gefunden, das er eifersüchtig vor anderen Menschen geheimhält und eigensüchtig in den Dienst seiner privaten Interessen stellt. Anders jedenfalls lassen sich seine Erfolge im Umgang mit Menschen nicht plausibel erklären.

## *5 – XVI – Turm*
## *Der Hürdenläufer*

Er kann alles, und fast alles kann er nach einer Weile besser als die anderen. Die Grenzen seiner Möglichkeiten schiebt er wie ein Bulldozer vor sich her, immer weiter hinaus in unerforschte Gebiete. Instinktiv sucht er nach Beschäftigungen, die ihn vor unüberwindliche Probleme stellen. Glücklich ist er nur, wenn es harte Nüsse zu knacken und hohe Hürden zu nehmen gilt. »Warum einfach, wenn es auch kompliziert geht?« fragt er mit rührendem Unschuldsblick. Er will nichts geschenkt bekommen, sondern alles hart erkämpfen. Das macht ihn stark und unstet zugleich.

Manchmal gleicht er einem Kind, das kunstvoll Karte um Karte zu einem architektonischen Wunderwerk übereinandertürmt, um kurz nach Fertigstellung des Prachtbaus tief Luft zu holen und alles umzupusten. Immer wieder muß er in seinem Leben radikal Platz schaffen für tiefgreifende Erneuerungen. Da werden alte Freunde verprellt, Arbeits- und Mietverträge fristlos aufgekündigt und reinigende Gewitter heraufbeschworen, die er als willkommenen Anlaß nimmt, sein Bündel zu schnüren und anderswo sein Glück zu suchen.

Er ist viel zu vielseitig, um sich definitiv festzulegen, viel zu abenteuerlustig, um eine bürgerliche Idylle dauerhaft ertragen und viel zu unternehmungslustig, um sorgenfreie Stagnation als Glück empfinden zu können. Sein größtes Problem bestünde darin, keine Probleme zu haben. Doch so weit läßt er es gar nicht erst kommen. Wenn es auf seinem Weg keine Hürden und Stolpersteine gibt, stellt er sich kurzerhand selbst ein Bein.

## *5 – XVII – Stern*
## *Die Sinnsucherin*

Mit wohlfeilen Phrasen oder vordergründigen Standard-Antworten läßt sie sich nicht abspeisen. Sie verlangt nach der letztgültigen Antwort auf die globale Sinnfrage. Dabei schreckt sie auch vor weiten Reisen oder der Lektüre dickleibiger Wälzer nicht zurück. Von Endlos-Debatten mit Menschen, die sie für kompetent hält, verspricht sie sich die Erkenntnisse, die ihr bislang verborgen blieben. Das Ergebnis solcher Diskussionen ist dann meist ein resigniertes Achselzucken auf beiden Seiten. Aber die Sinnsucherin läßt sich nicht dauerhaft entmutigen.

Auf eigene Faust unternimmt sie intellektuelle Expeditionen in die unerforschten Gebiete der Philosophie und Wissenschaften. Dabei kann sie Einsichten und Fähigkeiten erwerben, die das engumzirkelte Areal des Normalen und Durchschnittlichen weit überschreiten und jenseits dessen liegen, was als erklärlich gilt.

In ihrer Persönlichkeit gehen Selbstbewußtsein und Bescheidenheit eine liebenswerte Synthese ein. Oftmals geschieht es, daß sie im verborgenen hilfreich tätig wird, ohne daß ihre Schützlinge ahnen, woher die unerwartete Rettung kam. Durch Prahlerei den Beifall der Menge zu erringen, wäre ihr zuwider. Sie muß um niemandes Gunst buhlen; die Sympathien ihrer Mitmenschen fallen ihr auch ohne großes Zutun in den Schoß.

Menschen mit dieser Kombination gelten als tiefsinnig, ein bißchen geheimnisvoll und ungemein anziehend. Man kann sich in ihrer Gegenwart des Gefühls nicht erwehren, sie seien in Geheimnisse eingeweiht, von deren Existenz der gewöhnliche Mensch nicht die leiseste Ahnung haben kann.

## *5 – XVIII – Mond*
## *Der Hamster*

Wie ein kleiner brauner Hamster im Laufrad rennt er unermüdlich vorwärts und gewinnt doch in Wirklichkeit keinen Meter an Boden. Was er auch tut, es entpuppt sich nach einer Weile als blinder Aktionismus. Er neigt dazu, Saatgut zu vermahlen, Brot daraus zu backen und beim besten Willen nicht zu begreifen, wieso er mit dem guten Brot einen bösen Schaden angerichtet haben soll.
Abwechselnd läuft er mit einer rosaroten und einer schwarzen Brille durchs Leben; zu realistischen Einschätzungen seiner individuellen Chancen gerät er auf diese Weise naturgemäß nicht. Seine lebhafte Phantasie wird ihm zum Fluch, denn er mißbraucht sie dazu, sich etwas vorzumachen. Als Ehrenbürger der Städte Utopia und Wolkenkuckucksheim sieht er sich gern in der Rolle des Propheten, der daheim im eigenen Lande nichts gilt. Kurz darauf verfällt er in zermürbende Selbstzweifel und hält sich für den erbärmlichsten Versager weit und breit, der seinen »Lebensberechtigungs-Schein« umgehend beim Pförtner des Zentralfriedhofs abzugeben hat.
Er leidet unter unberechenbaren Gemütsschwankungen, mit denen verglichen das Aprilwetter ein Musterbild an stabilem Gleichmaß ist. Unter der Obhut eines ebenso dominanten wie unerschütterlichen Partners gedeiht er prächtig; auf sich allein gestellt, verkümmert er wie eine Primel.

## *5 – XIX – Sonne*
## *Der Dauerentwickler*

Er ist der ewige Arbeiter am Steinbruch des eigenen Ich. Unermüdlich ist er damit beschäftigt, Selbsterfahrung zu betreiben, bewußter zu werden, seinen Horizont zu erweitern und durch angewandte Selbstkritik seinem Idealentwurf von sich selbst Schritt für Schritt näher zu kommen.

Menschen mit dieser Kombination können im hohen Alter als Weise oder Heilige verehrt und von einer Schar ratsuchender »Schüler« umlagert werden. Gefühl und Verstand vereinigen sich bei ihnen zu einer geballten Kraft. Indem sie dem Unbewußten durch beharrliche Selbsterkenntnis-Arbeit Land abgewinnen, setzen sie ein hohes Maß kreativer Energie frei. Ihre Anwesenheit wird in jeder Gruppe als Bereicherung empfunden.

Nie käme es dem »Dauerentwickler« in den Sinn, seine individuelle Entwicklung als abgeschlossen zu betrachten und sich dem gefährlichen Wahn hinzugeben, er habe das Stadium höchster Perfektion bereits erreicht. Selbstzufriedenheit ist ein Fremdwort für ihn. Erfolge motivieren ihn zu doppelter Einsatzbereitschaft.

Er leistet sich selbst und anderen ausdauernde »Entwicklungshilfe« auf dem Weg zur Menschwerdung, wie er sie versteht. Menschen im emphatischen Sinne werden seiner Ansicht nach nicht geboren, sondern durch mühsame Erkenntnis- und Entwicklungsarbeit erst geschaffen.

Der »Dauerentwickler« ist der allgemeinen Entwicklung immer um eine Nasenlänge voraus. Während seine Zeitgenossen noch tierhaft grunzend im Neandertal hockten, träumte er schon von einer ersten Grammatik. Er glaubte weder, daß die Erde eine Scheibe noch daß die Sklaverei eine moralische Angelegenheit sei. Genausowenig meint er, daß bereits heute schon der Höhepunkt der menschlichen Evolution erreicht ist.

## *5 – XX – Aeon*
## *Der Konsequente*

Er ist ein offensiver, weltzugewandter Mensch, fähig zu unbändiger Lebensfreude. Wie ein Kind experimentiert er unentwegt mit seinen kreativen Möglichkeiten, um die Summe seiner Kenntnisse und Fähigkeiten zu vergrößern. Er tut dies, wie auch die Kinder, mit großem Ernst und großer Sorgfalt.
Nachdem er jeden neuen Schritt, den er zu gehen beabsichtigt, sorgfältig geplant hat, marschiert er beherzt auf sein Ziel zu. Was er tut, das tut er mit dem Einsatz seiner ganzen Persönlichkeit. »Halbe Sachen« gibt es für ihn nicht.
Seine Konsequenz hat bisweilen geradezu brutale Züge. Wenn er begriffen hat, daß etwas oder jemand sich destruktiv auf seine Entwicklung auswirkt, ergreift er wirkungsvolle Maßnahmen. Wer ihm schadet, zu dem bricht er den Kontakt ab. Die Wischi-Waschi-Devise: »Wir können ja Freunde bleiben ...« oder ähnliche freundliche Lügen wird man von ihm nicht zu hören bekommen. Was er sagt, das meint er, und was er meint, das sagt er. Nie sollte man dem Irrtum verfallen, Menschen mit dieser Kombination würden gewisse Dinge nur absichts- und gedankenlos dahersagen oder sie seien sich über die Folgen ihrer jeweiligen Handlungen nicht bewußt. Der »Konsequente« steht vollverantwortlich zu dem, was er tut. Nie würde er zum

Psychiater laufen und sich »zeitweilige Unzurechnungsfähigkeit« attestieren lassen. Seine Chancen, ein einflußreicher Politiker zu werden, sind entsprechend gering, obwohl man sich nur wünschen könnte, von Leuten wie ihm regiert zu werden.

## *5 – XXI – Universum*
## *Der Zeitlupenmensch*

Schnelle Erfolge machen träge und überheblich. Trägheit und Überheblichkeit sind also keine Gefahren für den »Zeitlupenmenschen«. Es fällt ihm nichts in den Schoß. Diese Tatsache zwingt ihn dazu, zähe Beharrlichkeit zu entwickeln. Schlamperei und Flüchtigkeitsfehler gibt es bei ihm nicht. Er arbeitet sorgfältig und bedächtig. Sein Leben verläuft wie in Zeitlupe – alles dauert länger als bei anderen, jeder simple Vorgang, jede banale Entscheidung nimmt unverhältnismäßig viel Zeit in Anspruch.
Wenn seine Gleichaltrigen schon im ersten Auto durch die Landschaft brausen, sitzt er noch immer auf dem Motorrad; während andere bereits ihre zweite Scheidung hinter sich gebracht haben, trifft er die Vorbereitung für seine erste Verlobungsfeier. Er lebt nach dem Motto: »Was lange währt, wird endlich gut.« Seine Erfolge bestätigen die Richtigkeit seiner Ansicht.
Er arbeitet genauso hart wie die anderen, ist mindestens genauso gescheit und nicht weniger dynamisch. Trotzdem verlangt ihm das Leben ein überdurchschnittliches Durchhaltevermögen ab, wie einem Radrennfahrer, der mit permanent angezogener Handbremse an den Start geschickt wird.

Paradox, aber wahr: Menschen mit dieser Kombination kommen mit größerer Wahrscheinlichkeit an das Ziel ihres Lebens als andere Menschen – gerade weil sie es immer schwer haben, gerade weil sie mehr Widerstände überwinden müssen als der Durchschnitt. Selten wird man einen »Zeitlupenmenschen« finden, der bereits vor Vollendung seines hundertsten Geburtstages seinen letzten Seufzer tut.

# Kapitel 6

## *6 – 0 – Narr*
## *Der Familienmensch*

Sein Traum vom Glück ist ein gemütliches Heim und eine – möglichst vielköpfige – Familie. Kinder, Haus, Garten und Haustiere haben in seinem Leben den höchsten Stellenwert. Er sieht sich nicht als isoliertes Einzelwesen, sondern als integriertes Element einer Gruppe, als Familienmitglied, als Bindeglied zwischen der Generation seiner Eltern und der seiner Kinder.

Als emotionaler Gemütsmensch ist er auf häusliche Harmonie bedacht. Seine Fürsorglichkeit kommt von Herzen. Was ihn an der Rolle des Elternteils und Erziehers so stark fasziniert, könnte er vermutlich nicht einmal präzise in Worte fassen; sein ausgeprägter Sozialinstinkt, sein Beschützertrieb und seine Sehnsucht nach menschlicher Wärme bedürfen weder einer Erklärung noch einer Deutung – sie sind einfach vorhanden und wollen ausgelebt werden.

Egoismus ist ein Fremdwort für ihn. Als Garant des Wohlergehens seiner Schützlinge ist er mit sich und seiner Welt zufrieden; gäbe es niemanden, für den er sorgen und sich verantwortlich fühlen dürfte, würde er in schwere Depressionen verfallen und keinen Sinn mehr in seinem Leben sehen.

Seine sozialen Ambitionen enden nicht an der eigenen Haustür – der Familienmensch fühlt sich auch für die alte

Dame von nebenan und die Nachbarskinder verantwortlich. Bevorzugt arbeitet er in Berufen, die im weitesten Sinne etwas mit Pädagogik, Pflege oder dem Dienst an hilfsbedürftigen Menschen zu tun haben. Zuverlässigkeit, Pflichtbewußtsein und Warmherzigkeit sind seine hervorstechendsten Charaktermerkmale. Seine aufopfernde Hilfsbereitschaft kann geradezu beschämend sein. Ein dankbarer Blick, ein wortloser Händedruck, eine Umarmung bedeuten ihm mehr als Macht und Reichtum.

## *6 – I – Magier*
## *Der Dynast*

Schon als Dreikäsehoch im Kindergarten hat er das joviale Auftreten eines Familienoberhauptes. Am Rande des Sandkastens beaufsichtigt er streng und wachsam die Puppenkinder seiner kleinen Freundin, die auf seinen Befehl hin Sand-Kuchen für seine »Kinder« backt.
Gern wäre er der Gründer eines mächtigen Klans oder einer einflußreichen Dynastie, vergleichbar August dem Starken, der hundert, oder dem arabischen König Ibn Saud, der so viele Nachkommen zeugte, daß sie alle wichtigen Ämter übernehmen konnten und als staatstragende Kaste das Wüstenreich Saudi-Arabien in einen vorbildlichen Familienbetrieb verwandelten. Hat er keine eigenen Kinder, so schafft er sich »geistige Kinder« oder »Wahlkinder«, mit denen er sich durch gemeinsame Ideale, Weltanschauungen oder Zielsetzungen in ein stabiles Verwandtschaftsverhältnis setzt. Er hat schon in jungen Jahren etwas von einem »Urvater« an sich, der in Spannen von Generationen denkt und plant. Auf diesem Weitblick basieren seine öko-

nomischen und sozialen Aktivitäten: Er fühlt sich nachfolgenden Generationen gegenüber verantwortlich und möchte ihnen, seien es nun seine leiblichen Nachfahren oder nicht, eine saubere Welt mit optimalen Lebensbedingungen hinterlassen. »Wir haben die Erde nur von unseren Kindern geborgt«, so lautet seine Grundüberzeugung.
Traditionsreiche Familienbetriebe, weitverzweigte Großfamilien und einflußreiche Patriziergeschlechter werden von Menschen mit dieser Kombination gegründet. Sie denken in historischen Dimensionen und relativieren ihre eigene Person, indem sie sich als Glied einer endlos langen Kette betrachten, die sich Generation um Generation in die Zukunft hinein verlängert.
Frauen dieses Typus sind kluge, verständnisvolle Mütter, die ihre Kinder nie als persönliches Eigentum, sondern als eigenständige kleine Menschen behandeln.

## *6 – II – Hohepriesterin*
## *Die gute Fee*

Sie ist eine »Perle«, der »gute Geist«, und zeigt einen hohen Grad an Bereitschaft, karitative Aufgaben zu übernehmen oder sich freiwillig in den Dienst hilfsbedürftiger Menschen zu stellen. Ihrer liebevollen Aufopferungsbereitschaft ist es zu verdanken, daß in der Familie, im Beruf oder bei Freizeit-Aktivitäten alles reibungslos funktioniert und jeder zufriedengestellt wird. Wie eine zweite Mary Poppins ist sie immer dann zur Stelle, wenn es gilt, hier ein Wehwehchen zu lindern, dort einen vom Weltschmerz heimgesuchten Unglückswurm zu trösten, oder allein durch ihre Anwesenheit Zuversicht zu verbreiten.

Menschen mit dieser Kombination sind Konservative im besten Wortsinn, denn »conservare« heißt: bewahren. Bewahren wollen sie Leben, Gesundheit und Wohlergehen anderer Menschen, den Fortbestand seltener Tier- und Pflanzenarten, historische Baudenkmäler, im Alltag auch den Familienfrieden, den Lebensstandard, das gute Einvernehmen mit den Nachbarn und Mitarbeitern sowie die Ruhe. – Letzteres aus gutem Grund, denn sie neigen dazu, sich oft unnötige Sorgen zu machen und immer mit dem Schlimmsten zu rechnen.
Sie haben eine heilige Ehrfurcht vor allem, was lebt. Das Gebot »Du sollst nicht töten« wirkt auf sie wie der ausdrückliche Befehl, zu atmen oder das Blut im Körper zirkulieren zu lassen. Nie würden sie anderen Menschen absichtlich Schaden zufügen oder mutwillige Zerstörung anrichten. Zwar spekulieren sie weder auf Lohn noch entwickeln sie den fragwürdigen Ehrgeiz, andere Menschen auf ihre Person zu fixieren, aber sie haben das Talent, sich unentbehrlich zu machen. In ihrer Abwesenheit erkennt man: »rien ne va plus«, nichts klappt mehr ohne sie.

## *6 – III – Herrscherin*
## *La Mamma*

Am liebsten würde sie alle streunenden Katzen und herrenlosen Hunde bei sich aufnehmen, aus dem betrunkenen Stadtstreicher einen respektablen Mitbürger machen und alles Elend dieser Welt kurzerhand abschaffen. Sie ist voller Liebe und Fürsorglichkeit. Unter ihrer Obhut hat man gar keine andere Wahl, als prachtvoll zu gedeihen. Ihr Motto lautet etwa folgendermaßen: »Ich bin die Summe

dessen, was ich anderen Menschen an Gutem getan habe.« Niemand verläßt ihr Haus, ohne fürstlich bewirtet und mit vielen guten Ratschlägen, Ermahnungen und prallen Freßpaketen »für unterwegs« versehen worden zu sein.
Sobald ihre eigenen Kinder erwachsen geworden sind und das Haus verlassen haben, verlangt sie nach Enkeln, denn sie will immer ein Heer krähender Knirpse um sich haben, das sie verhätscheln und liebhaben kann. Notfalls päppelt sie auch halbverdorrte Zimmerpflanzen und aus dem Nest gefallene kleine Vögel auf. Sich auf eine hitzige Diskussion mit ihr einzulassen, hat wenig Sinn – »La Mamma« hat grundsätzlich recht, und damit basta, Punktum; sie behält das letzte Wort. Widerspruch zwecklos; je eher man das begreift, desto besser für alle. Wer ihre ehernen Prinzipien nicht teilt, der sollte klug genug sein, zu schweigen. Dies fällt um so leichter, da »La Mamma« ihren Lieben ohnehin ständig den Mund mit allerhand Leckereien stopft. Und mit vollem Munde spricht man nicht – basta!
Männer mit dieser Kombination sind gutmütige, ein bißchen zu nachsichtige Väter, die ihren Kindern das Leben nicht unnötig sauer machen möchten und mit geduldig-resignativen Appellen an die Vernunft der kleinen Racker sogar hin und wieder Erfolge verbuchen können.

## *6 – IV – Herrscher*
## *Der Beschützer*

Sollen sie doch ruhig kommen, die Monster und Strolche – er wird sie in die Flucht schlagen, daß man nur noch ein Staubwölkchen am Horizont von ihnen sieht! Solange man die Füße unter seinem Tisch hat, wird er nicht dulden,

daß einem auch nur ein Härchen gekrümmt wird. Gastfreundschaft und Familiensinn werden bei ihm groß geschrieben. Er ist die Friedfertigkeit in Person, solange er nicht Zeuge eines Unrechts oder einer Gemeinheit wird.
Er versteht sich als ein Anwalt im nicht-juristischen Sinn; die Sorgen und Belange schwächerer Menschen macht er sich zu eigen. Seine geballte Kraft, all sein Wissen und seine Fähigkeiten stellt er in den Dienst derer, die sich nicht selbst helfen können.
Frauen mit dieser Kombination sind die sprichwörtlichen »Löwenmütter«, die sich mit scharfen Krallen und gefletschten Zähnen schützend vor ihre Jungen stellen. Wer auch nur in den leisesten Verdacht gerät, ihren Schützlingen ein Leid zugefügt zu haben, der hat bald allen Grund, mit rasendem Puls und schweißnasser Stirn an Schillers Satz zu denken: »Da werden Weiber zu Hyänen.«
Menschen mit dieser Kombination sind sowohl im Beruf als auch in der Familie dominierende Persönlichkeiten. Nicht selten werden sie zum Hauptgesprächsthema ihrer Kinder, wenn diese auf der Couch des Psychoanalytikers liegen und sich im Vergleich zu dem starken Elternteil zweitrangig und unbedeutend vorkommen.
Der »Beschützer« gilt als ausdauernder und gewissenhafter Arbeiter, der seine Aufgaben gründlich erledigt. Im Freundeskreis ist er nicht zuletzt deswegen so beliebt, weil er nie jemanden im Stich läßt.

## *6 – V – Hierophant*
## *Der Altruist*

Das Wort »Ich« gibt es für ihn im Grunde genommen gar nicht. Er könnte es ohne weiteres ersatzlos aus seinem Wortschatz streichen. Über sich selbst redet er nicht viel – er nimmt sich weder besonders wichtig noch möchte er anderen Leuten mit seinen persönlichen Problemen zur Last fallen. Doch ein einziger trauriger Blick, ein dahingeworfenes Wort der Resignation genügt, um ihn in Alarmbereitschaft zu versetzen. Er hat ein feines Gespür für die Stimmungen anderer Menschen. Wer in Bedrängnis ist und keinen Ausweg mehr sieht, der ist bei ihm an der richtigen Adresse. Kein Rat- und Hilfesuchender wird an seiner Haustür abgewiesen, ob Heiligabend oder Mitternacht, ob nach Feierabend oder beim Sonntagsbraten – er ist da, auf ihn ist Verlaß.
Er nimmt sich Zeit für andere Menschen. Eine seiner größten Stärken liegt auf dem pädagogischen Sektor. Seine einleuchtenden und verständlichen Erklärungen prägen sich ins Gedächtnis ein. Sich selbst gegenüber legt er eine erstaunliche Gleichgültigkeit an den Tag. Über das absolute Existenzminimum zu verfügen, reicht ihm völlig aus; Luxus, Statussymbole und Grundbesitz üben keine allzu große Faszinationskraft auf ihn aus. »Mensch sein muß der Mensch«, sagt er und schüttelt mitleidig den Kopf über all jene, die dem Mammon nachjagen und darüber das Leben vergessen. Er weiß, daß das letzte Hemd keine Taschen hat. Deshalb gibt er mit warmer Hand und hat Spaß daran, anderen Menschen eine Freude zu bereiten. Nächstenliebe ist für ihn mehr als eine altmodische Vokabel aus dem verschnarchten Religionsunterricht.

Menschen mit dieser Kombination sind in einem geradezu beschämenden Maße liebevoll und aufopfernd; sie schweben in der ständigen Gefahr, von gewissenlosen Nichtsnutzen schamlos ausgebeutet zu werden.

## *6 – VI – Liebende*
## *Der Kindernarr*

Die Zahl derjenigen Menschen, die schon im Alter von weniger als vierzig Jahren Großeltern werden, dürfte unter den Vertretern dieser Kombination überdurchschnittlich hoch sein. Ihre Kinderfreundlichkeit ist beinahe von mediterranem Zuschnitt. Es gibt nur eines, was sie schöner finden, als »Bambini« zu haben: nämlich noch mehr »Bambini«. Liebe, Leben, Kinderchen – diese Worte sind Synonyme für sie. Vor die Wahl gestellt: ein neues Auto oder noch ein Kind, müßten sie nicht lange überlegen. Ein Menschenleben gilt ihnen als das Kostbarste auf der Welt. Deshalb möchten sie so viele neue kleine Menschen auf die Welt bringen, wie nur irgend möglich und verantwortbar.
Der Schwerpunkt ihrer Interessen gilt dem Heim und der Familie. Leidenschaftliche Fürsorglichkeit und gelegentliche Eifersuchtsszenen sind kennzeichnend für sie. Wen sie einmal ins Herz geschlossen haben, dem bewahren sie die Freundschaft. Der hemmungslose Spieltrieb ihrer Kinder wirkt ansteckend auf sie; begeistert robben sie mit Schaffnermütze und Trillerpfeife bäuchlings durch den Keller, um die Modelleisenbahn zu observieren, mit leuchtenden Augen nähen sie Rüschenvorhänge für die Puppenstube, die gar nicht detailgetreu genug eingerichtet werden kann. Bisweilen hat es den Anschein, als diente ihnen die Be-

schäftigung mit ihren Kindern als willkommener Vorwand, sich selbst wieder in Kinder zu verwandeln. Sackhüpfen, Negerkuß-Wettessen, Kissenschlachten, Versteckspiele, Pfützenspringen und Knetgummi-Orgien gewähren ihnen einen erholsamen Urlaub vom lästigen »Erwachsensein«, das ihnen im Grunde genommen noch nie so recht behagt hat.

## *6 – VII – Wagen*
## *Der Erzieher*

Von der antiautoritären Erziehung hält er nicht viel. Er ist überzeugt, daß man mit Milde und Nachsicht allein auf Dauer zum Hanswurst wird. An Mut zu unpopulären Maßnahmen mangelt es ihm nicht; wenn es notwendig ist, aus pädagogischen Gründen auch einmal ein Machtwort zu sprechen oder ein ganz entschiedenes »Nein« zu sagen, läßt er sich auch durch die treuherzigsten, flehendsten Blicke aus großen runden Kinderaugen nicht erweichen.
Daß es einfacher ist, den lieben Kleinen ihren Willen zu lassen und sich ihre Liebe durch übertriebene Großzügigkeit zu erkaufen, weiß er. Aber im ureigensten Interesse seiner Kinder geht er ganz bewußt nicht den Weg des geringsten Widerstandes. Zwischen wirklicher Liebe, die das langfristige Wohl des anderen zum Ziel hat, und blauäugiger Hätschel-Sentimentalität weiß er sehr wohl zu unterscheiden.
In der Familie oder abhängigen Menschen gegenüber erweisen sich Vertreter dieser Kombination als diszipliniert, konsequent und gerecht. Man weiß immer genau, woran man mit ihnen ist. Unklarheiten lassen sie gar nicht erst aufkommen.

Experimente sind für sie kein Selbstzweck; im Zweifelsfall entscheiden sie sich aus pragmatischen Gründen für das Altbewährte. Ihre Prinzipien sind wertkonservativ geprägt. Sie respektieren die Traditionen und gelten als tüchtig, umgänglich und zuverlässig. Jeder Versuch, sie zu einer Handlung zu überreden, die gegen ihr Gewissen und gegen ihre Grundsätze verstößt, ist von vornherein zum Scheitern verurteilt.

## *6 – VIII – Kraft*
## *Die Ausbrecherin*

Effi Briest, Anna Karenina und Emma Bovary sind ihre »Schwestern«. Melodramatisch-tragische Schicksalsschläge bleiben ihr im Regelfall zwar erspart, aber ihr Lebensweg ist kein gemütlicher Spaziergang. Ihre Entwicklung vom naiven »Schäfchen« zur abgeklärten, selbstbewußten Frau stellt ihre Zähigkeit und ihre Kraft immer wieder auf harte Proben.

Menschen mit dieser Kombination glauben in jungen Jahren an die große Liebe, erleben ein Happy-End gemäß den zahllosen Hollywood-Vorbildern, schaffen sich Kinder und eine schöne Wohnung an, gelten zusammen mit ihrem Partner als beneidenswert glückliches Paar – bis dann nach einiger Zeit das heulende Elend über sie kommt. Wie nach einer langen durchzechten Nacht, geraten sie urplötzlich in eine entsetzliche »Katerstimmung« und fragen sich: »Das kann doch nicht alles gewesen sein?«

Was sie zuvor für ihr Glück hielten, empfinden sie dann als beengende Fessel. Die Kleinfamilien-Idylle entpuppt sich als goldener Käfig; die täglichen Pflichten verwandeln sich

in einen trostlosen Galeeren-Sträflings-Dienst, aus dem es kein Entrinnen gibt. Doch statt zu Psychopharmaka zu greifen oder Trost im Cognacglas zu suchen, schmieden sie eifrig Fluchtpläne.
Der Anteil geschiedener oder getrennt lebender Menschen ist unter Vertretern dieser Kombination überdurchschnittlich hoch. Sie müssen das Gefühl des Gefangenseins am eigenen Leib durchlitten haben, ehe sie sich selbstbewußt und eigenverantwortlich in das »Abenteuer Leben« stürzen können. Erst dann erweist sich, welches riesige Potential an Tatkraft, Durchsetzungsfähigkeit und menschlicher Größe in ihnen steckt.

## *6 – IX – Eremit*
## *Der Steppenwolf*

Wenn eine Familienfeier anberaumt wird, packt ihn das kalte Grausen, und rasch greift er zum Gesundheitslexikon, um sich eine passende Krankheit auszusuchen, die er als Alibi vorschützen kann. Kein Zombie-Film, kein bluttriefendes Horror-Video ist für ihn so haarsträubend entsetzlich wie der Gedanke daran, schon wieder weitschweifige, ermüdend ausführliche Berichte über Tante Klaras Gallensteine und Onkel Huberts Ernterekorde im Schrebergärtner-Verein anhören zu müssen. Auch verlangt es ihn keineswegs, endlich einmal seine pickligen Neffen und albern kichernden Nichten wiederzusehen.
Natürlich liebt er seine Familie – aber unter »Familie« versteht er nur seine Frau, seine Kinder und den Hund. Die übrige »Mischpoke« könnte, wenn es nach ihm ginge, dorthin gehen, wo der Pfeffer wächst: in Gottes Namen

weit, weit weg, nur bitte nicht in sein Wohnzimmer. Recht von Herzen lieb hat er nur solche Verwandten, die irgendwo tief in den abgelegensten Wüsten Australiens Schafe züchten und jedes Jahr zu Weihnachten eine Ansichtskarte mit freundlichen Grüßen schicken. Er ist die Gutmütigkeit in Person, solange man nicht sein sensibles Nervenkostüm malträtiert und seine Geduld durch belangloses Geschwätz überstrapaziert.
Am liebsten werkelt er schweigsam vor sich hin. Viele Worte zu machen, liegt ihm nicht. Er zeigt seine Zuneigung durch freundliche Gesten, ein kameradschaftliches Augenzwinkern oder eine stumme Umarmung.

## *6 – X – Schicksalsrad*
## *Der Arkadier*

Die schier unerträglich heile Welt aus den Werbespots im Fernsehen, immer wieder als reines Phantasieprodukt denunziert – es gibt sie tatsächlich. Dem »Arkadier« gelingt das scheinbar Unmögliche, nämlich: seinen Traum vom trauten Familienglück zu verwirklichen – mit Häuschen im Grünen, bunten Blumenbeeten, spielenden Kindern, Schmetterlingen, jungen Hunden, freundlichen Nachbarn und Frühstück in der Morgensonne auf der Terrasse.
Sein Ideal ist archetypisch, sein Bild der Familie zeitlos klassisch wie in Schillers »Glocke«: »Und drinnen waltet die züchtige Hausfrau ...«, während der Mann »draußen, im Lebenskampf« als Garant des täglichen Brotes den Unterhalt für die Seinen verdient.
Menschen mit dieser Kombination sind verläßliche Mitarbeiter und hilfsbereite Nachbarn. Sie verfügen über einen

gefestigten Charakter und ein religiös geprägtes Weltbild. Das größte Unglück, das im Bereich ihrer Vorstellungskraft liegt, sind mißratene Kinder, Scheidung und Arbeitslosigkeit, also alles, was die schöne Idylle der vorbildlichen Familie gefährden könnte.
Mensche dieses Typus neigen dazu, sich unnötig viele Gedanken darüber zu machen, welchen Eindruck sie wohl bei anderen Leuten hinterlassen und ob man auch ja gut von ihnen spricht. Zukunftsängste sind ihnen nicht fremd. Bisweilen werden sie von irrationalen Befürchtungen heimgesucht und verfallen in den zermürbenden Aberglauben: »Es geht mir viel zu gut – das ist ein böses Omen. Mein Glück kann nur der Vorbote großen Unheils sein!« Ohne diese melancholischen Schübe könnten sie ihr Glück vermutlich gar nicht ertragen.

## *6 – XI – Gerechtigkeit*
## *Die Alttestamentarische*

Auge um Auge, Zahn um Zahn, so lautet ihre Devise. Tierquäler, Kindesentführer (»Kopf ab!«) und Vergewaltiger (»Schwanz ab!«) können ihrer Meinung nach gar nicht hart genug bestraft werden. Insgeheim glaubt sie noch immer an den sozialen Nutzen der Todesstrafe. Die Welt ist für sie eine Art gigantischer Marktplatz, auf dem man für alles bezahlen muß. Markige Sätze wie: »Wer A sagt, muß auch B sagen« oder »Strafe muß sein« haben für sie einen hohen Wahrheitsgehalt.
Manche Menschen dieses Typus gehen mit ihrem Gerechtigkeits-Fanatismus bis an die Grenzen der Unbarmherzigkeit und Gnadenlosigkeit. »Alles verstehen, heißt alles

verzeihen« – solche Sätze sind für sie der Gipfel der Dekadenz. Am liebsten würden sie Selbstjustiz praktizieren, um einen gemeinen Verbrecher nicht mit einem milden Urteil, das auf einem fragwürdigen psychologischen Gutachten basiert, »zu billig« davonkommen zu lassen. Sie verabscheuen von ganzem Herzen jede Variante des Bösen und halten es, wenn schon nicht für sinnvoll, so doch zumindest für recht und billig, Gleiches mit Gleichem zu vergelten. Ihr Gehirn arbeitet mit buchhalterischer Präzision; weder Gutes noch Böses, das man ihnen angetan hat, werden sie je vergessen.

Die Tatsache, daß manch ein Übeltäter ungeschoren davonkommt, und ein reicher Erbe im unverdienten Wohlstand schwelgt, während nachweislich gute und anständige Menschen unverschuldet in Not geraten oder an heimtükkischen Krankheiten qualvoll sterben, versetzt sie in heiligen Zorn. Dürften sie einmal »Schicksal« spielen, so würden sie dafür sorgen, daß jeder bekommt, was er verdient: Lohn oder Strafe.

## *6 – XII – Gehängter*
## *Der Selbstverleugner*

Er weiß nicht viel mit sich und seinem Leben anzufangen. Seine Fähigkeit, kreatürliche Lebensfreude zu empfinden, ist genauso gering wie seine Bereitschaft, Eigeninitiative zu entwickeln. Deshalb stellt er sich in den Dienst anderer Menschen, opfert sich auf und macht sich unentbehrlich. Er tut viel Gutes und erntet gebührenden Dank in Form von Liebe und Anerkennung seiner Leistung, löst jedoch nicht selten schwere Schuldgefühle in denjenigen Menschen aus, denen er sein Leben gewidmet hat.

Großartige Leistungen vollbringt er auf dem Sektor der Pflege, der Betreuung, der Pädagogik und der Dienstleistungen.
Insgeheim ist er ein kleiner eitler Märtyrer, und wehe, wenn er nicht den geforderten Dank erhält, wenn er nicht als mustergültiges Vorbild menschlicher Güte gepriesen und verehrt wird! Dann hagelt es Vorwürfe, dann beginnt das große Aufrechnen: »Ich habe mich bis an den Rand des physischen Zusammenbruchs aufgeopfert! Was ist nun der Dank?« (Dabei vergißt er: Hätte er nicht so hart gearbeitet, dann wäre er mit großer Wahrscheinlichkeit an Langeweile gestorben ...)
Dem Ehemann wird vorgehalten: »Ich habe dir meine besten Jahre geopfert. Wen hätte ich nicht alles heiraten können, aber ich habe dich genommen. Was habe ich jetzt davon?« Den Kindern, die sich »abzunabeln« versuchen, werden auf vergleichbare Weise Schuldgefühle eingeimpft.
Menschen mit dieser Kombination sind die liebevollsten, aufopferndsten und gütigsten Menschen, die man sich vorstellen kann – vorausgesetzt, man unterwirft sich willig den Auswüchsen ihrer heimlichen Machtlüsternheit.

## *6 – XIII – Tod*
## *Der Tiefgründige*

Hinter jedem Computer sieht er den »big brother« lauern; der technische Fortschritt ist ihm suspekt. Wo es früher echte, lebendige Menschen gab, die er um Auskunft fragen konnte, da findet er heute Automaten vor, die ihn feindselig anschweigen. In jeder Veränderung sieht er einen neuen

Schritt, der weiter fort vom Goldenen Zeitalter und hinein in eine der vollkommenen Finsternis entgegendämmernde Zukunft führt. Verstand und Gefühl liegen bei ihm in permanentem Widerstreit. Die Ursachen seiner rhythmisch wiederkehrenden melancholischen Verstimmungen sind ihm nicht bewußt. Todesangst und Todessehnsucht gehen in seinem Inneren eine unerklärliche, aber widerspruchsfreie Synthese ein, die präzise in Worte zu fassen er nicht in der Lage ist, weil sie Ebenen streift, die jenseits der sprachlich fixierbaren Erfahrungen liegen.
Hinter seiner Besorgnis verbergen sich hohe Ideale; seine oft perfekt getarnte Traurigkeit basiert auf dem deutlich empfundenen Widerspruch, der zwischen dem klafft, was ist, und dem, was eigentlich sein sollte.
Der Alltag mit seinen eingebürgerten Spielregeln und seinem festumrissenen Realitätsbegriff bietet ihm eine willkommene Zuflucht vor der Tiefgründigkeit seiner Gedanken. Am liebsten schlüpft er in die Rolle des durchschnittlichen, banalen Bürgers. Erst wenn er von all seinen Mitmenschen sträflich unterschätzt wird, fühlt er sich so richtig wohl in seiner Haut.

## *6 – XIV – Alchemie*
## *Der Beobachter*

Er drängt sich nicht unter wirkungsvollem Einsatz seiner Ellenbogen in den Mittelpunkt des allgemeinen Interesses. Von seinem Posten am Rande des Geschehens aus registriert er hellwach, was sich vor seinen Augen abspielt. Seine bemerkenswerte Menschenkenntnis basiert auf einer feinen Beobachtungsgabe. Er hat ein untrügliches Gespür entwickelt für den Unterschied zwischen aufrichtigen Menschen und solchen, die zuerst sich selbst und später auch den anderen etwas vormachen. Aus der Mimik und Gestik seines Gegenübers kann der »Beobachter« Erkenntnisse gewinnen, die mehr sagen als weitschweifige, wortreiche Erklärungen. Seiner Aufmerksamkeit entgeht nichts.

Der »Beobachter« kann, wenn er sich ein Bild von jemandem gemacht hat, eine große Kontaktfreudigkeit an den Tag legen. Wer gewogen und nicht für zu leicht befunden worden ist, den spricht er gern an. Bekanntschaften zu machen oder sogar Freundschaften zu schließen, zählt zu seinen Lieblingsbeschäftigungen. Darüber sollte man sich durch seine anfangs reservierte Zurückhaltung nicht hinwegtäuschen lassen.

Seine Besonnenheit und seine Ausgeglichenheit machen ihn zum ruhenden Pol in der Gruppe oder in der Familie. Gegen hektische Betriebsamkeit ist er immun; er bewahrt Ruhe und Übersicht auch im wildesten Trubel. In seinen besten Augenblicken erinnert er an das »Auge des Hurrikans«, den Ort vollkommener Stille inmitten des tobenden Wirbelsturms.

## *6 – XV – Teufel*
## *Der Haustyrann*

Er führt ein strenges Regiment. Reißt er einen bärtigen Witz, so tut man gut daran, in schallendes Gelächter auszubrechen. Gibt er seine nicht immer logisch nachvollziehbaren Entscheidungen kund, darf man sie auf keinen Fall zum Anlaß grundsätzlicher Diskussionen nehmen.

Denn sein Wort ist Gesetz. Sein Eigensinn ist stärker als das überzeugendste Argument. Wenn er die These aufstellt, Odysseus sei dieser bedauernswerte Grieche gewesen, der seine eigene Mutter heiraten mußte, na gut, dann war eben Ödipus der verirrte Seefahrer. Der »Haustyrann« braucht nicht unbedingt recht zu haben, er muß nur recht bekommen.
Man wird kaum jemanden finden, der so zäh und ausdauernd schuften kann wie er. Sisyphusarbeiten erledigt er prompt und zuverlässig. Dagegen überfordert es ganz entschieden seine Kräfte, sich seine Flasche Bier selbst aus dem Keller zu holen. Als genialer Stammtisch-Stratege schüttelt er für jedes Problem ein Patentrezept aus dem Ärmel. An seinem Wesen kann die Welt genesen. Kritik zu üben, macht ihm großen Spaß. Er liefert brillante Analysen der charakterlichen Defizite seiner Mitmenschen. Vor seinen strengen Augen Gnade zu finden, ist keine ganz leichte Sache. Er ist weiß Gott nicht eingebildet oder selbstgefällig, aber er glaubt wirklich allen Grund zu haben, sich für einen prachtvollen Kerl zu halten, dessen mikroskopisch kleine Fehler und Schwächen der Rede nicht ernstlich wert sind.
Menschen mit dieser Kombination brauchen keinen Sport zu treiben. Durch tägliche Reibereien und Auseinandersetzungen halten sie ihren Kreislauf fit.

## *6 – XVI – Turm*
## *Der Streuner*

Er hegt schwerwiegende theoretische Vorbehalte gegen konservative Lebenskonzepte, gegen die Ehe, die Kleinfamilie und die ungeschriebenen Gesetze bürgerlicher Wohlanständigkeit. In der alltäglichen Praxis jedoch erweist er sich als treusorgender Ehemann und rührender Vater. Frauen dieses Typus können die militantesten »Emanzen« sein, die am liebsten sofort zur Schere greifen würden, sobald sie einen Mann sehen – und daheim ihren Lieben jeden Wunsch von den Augen ablesen.
Hin und wieder packt ihn das Fernweh. Dann sucht er in der nächsten Eckkneipe verzweifelt nach »Freiheit und Abenteuer« oder läuft für ein paar Tage auf und davon, um wenig später als reuemütiges, ausgehungertes Häufchen Elend, den Tränen nahe und mit ein paar halbverwelkten Blumen in der Hand, wieder vor der Haustür zu stehen. Dann will er getröstet, gefüttert und in die heiße Badewanne gesteckt werden. Seine geplante Amazonas-Expedition führte ihn geradewegs in die heiligen Hallen der Bahnhofsmission. Man müßte schon ein Herz aus massivem Granit haben, um ihm lange bös zu sein!
Nach seinen kleinen Eskapaden gelobt er Besserung und gibt sich redliche Mühe, seinen guten Vorsätzen (und seiner Frau) treu zu bleiben. Er mausert sich zum Musterknaben, bis – ja, bis er meint, der »Ruf der Wildnis« sei wieder an sein Ohr gedrungen. Dann bricht er unter dem Vorwand, nur schnell mal eben Zigaretten holen zu wollen, zum Amazonas auf, um das alte Spiel von vorn zu beginnen.

## *6 – XVII – Stern*
## *Die Gedankenleserin*

Ehe man sie um Hilfe bitten kann, ist sie schon aktiv geworden. Bevor man feststellt, daß man irgend etwas dringend benötigt, hat sie es schon herbeigeschafft. »Zufällig« ist sie immer gerade dann in der Nähe, wenn sie gebraucht wird. Es hat bisweilen etwas geradezu Unheimliches, mit welcher Instinktsicherheit sie spürt, was zu welchem Zeitpunkt unbedingt vonnöten ist. Sie scheint über einen »sechsten Sinn« zu verfügen, der sie mit exakten Informationen über die Bedürfnisse ihrer Mitmenschen versorgt. Man hat seinen Wunsch noch gar nicht geäußert, da hat sie ihn schon erfüllt. Sie läßt keine Gelegenheit ungenutzt verstreichen, anderen Menschen eine kleine Freude zu machen oder ihnen eine kleine Gefälligkeit zu erweisen.
Kunsthandwerkliche Begabungen, gepaart mit Schönheitssinn und Kreativität, machen sie zu einer talentierten Produzentin individueller Gebrauchs- und Ziergegenstände. Auf ihre plötzlichen Eingebungen ist Verlaß, und ihre größten Triumphe feiert sie immer dann, wenn sie ihren Inspirationen vertraut, gleichgültig, wie widersinnig sie zunächst auch erscheinen mögen.
Menschen mit dieser Kombination sind Idealisten und Realisten zugleich. Ihre Bereitschaft zur Hingabe an aufopferungsvolle Tätigkeiten ist stark ausgeprägt. Illusionen geben sie sich jedoch nicht hin. Die Grenzen ihrer Wirkungsmöglichkeiten kennen sie genau; das hindert sie jedoch keineswegs daran, immer wieder Gutes zu tun, auch wenn sich keine kurzfristigen Erfolge einstellen. Friedfertigkeit, Freundlichkeit und Harmoniestreben sowie aufrichtige Nächstenliebe zählen zu ihren hervorstechendsten Charaktermerkmalen.

## *6 – XVIII – Mond*
## *Der Tolpatsch*

Als ein Muster an Geschicklichkeit kann er mit seinen zwei linken Händen nicht gelten. Fähigkeiten und guter Wille stehen bei ihm in einem umgekehrt proportionalen Verhältnis zueinander.

An Gutwilligkeit kommt niemand ihm gleich. Doch wehe den armen Opfern, die er auserkoren hat, um ihnen seine unerschöpfliche Hilfsbereitschaft angedeihen zu lassen: da geht beim Abwasch Geschirr zu Bruch, und durch das Einkaufsnetz rinnen in zähflüssigen gelben Strömen die Dotter der zerbrochenen Eier. Auf dem Weg zum Milchmann stolpert er, fällt hin und verbiegt das Markstück.

Er wäre gern ein Wohltäter, eine samariterhafte Mischung aus Mutter Theresa und Robin Hood. Tatsächlich jedoch wirken viele Menschen mit dieser Kombination wie Stan Laurel und Oliver Hardy in Personalunion: liebenswert, gutmütig, dienstbeflissen und völlig außerstande einzusehen, daß sie mit ihrer gutgemeinten Hilfsbereitschaft nicht immer die gewünschten Ergebnisse erzielen.

Zu diesem Typus zählen auch die guten Tantchen, die reinwollene Unterwäsche für die armen Negerkinder in Afrika stricken und ihre Neffen und Nichten eindringlich davor warnen, daß es gefährlich sei, sich »Hasch-Gift zu spritzen«.

Gesunden Geschäftssinn und die Fähigkeit zum sinnvollen Umgang mit Geld findet man bei Menschen dieses Typus nur höchst selten. Sie bringen es fertig, die nutzlosesten Gegenstände im Dutzend zu kaufen, nur weil es sich dabei um angebliche »Sonderangebote« handelt. Der bedrohten Tierwelt oder den Opfern einer Dürrekatastrophe spenden sie gern ihr gesamtes Wirtschaftsgeld, mit dem Erfolg, daß sie selbst in den darauffolgenden Wochen von Leitungswasser und trockenem Zwieback leben müssen.

### *6 – XIX – Sonne*
### *Der Selbstdarsteller*

Sein Glück braucht Zeugen. Seinen Wohlstand kann er nur genießen, wenn andere Menschen ihn ein bißchen darum beneiden, denn er glaubt: »Neid ist die ehrlichste Form der Anerkennung.« Es macht ihm Spaß, seine armen Verwandten in der DDR zu besuchen, um ihnen seine neue Luxus-Limousine vorzuführen und sie auf diese Weise von den handfesten Vorteilen der westlichen Demokratie zu überzeugen.

Die Tatsache, daß es ihm gut geht, wertet er als einen unwiderlegbaren Beweis für die Richtigkeit seiner Überzeugungen und Wertvorstellungen. Minderwertigkeitskomplexe kennt er nur vom Hörensagen. Einen Burschen wie sich selbst hätte er wirklich gern zum besten Freund. Er tut Gutes und spricht ausführlich darüber. Ehrenämter übernimmt er gern; freiwillig opfert er Feierabend, Wochenende und Urlaub, um die Last gemeinnütziger Verantwortung zu tragen – insbesondere dann, wenn gelegentlich kleine Berichte (mit Foto!) über seine Aktivitäten in der lokalen Tagespresse erscheinen.

Menschen mit dieser Kombination bringen es früher oder später zu einer gewissen Popularität. Sie gelten als ehrgeizig und neigen durchaus nicht dazu, die Bedeutung ihrer eigenen Persönlichkeit zu unterschätzen. Es gibt für sie keinen Zweifel daran, daß ihnen eigentlich eine herausragende Position im öffentlichen Leben zusteht. Mit größter Wonne sonnen sie sich im Scheinwerferlicht des allgemeinen Interesses. Am liebsten würden sie sich morgens, mittags und abends, jeweils nach den Mahlzeiten, von einem Heer neugieriger Reporter interviewen lassen. Falsche Bescheidenheit ist ihnen wesensfremd, und nie käme ihnen die abwegige Idee in den Sinn, ihr Licht unter den Scheffel zu stellen. Aus ihrem Herzen machen sie keine Mördergrube – offen und ehrlich sprechen sie aus, was sie denken, gleichgültig, ob sie damit in ein Fettnäpfchen treten oder den ungeteilten Beifall der »schweigenden Mehrheit« erringen.

## *6 – XX – Aeon*
## *Pippi Langstrumpf*

Mit kindlicher Unbefangenheit geht der Vertreter dieses Typus auf andere Leute zu. Er sieht das Gute in jedem Menschen und kann sich schlechterdings nicht vorstellen, daß es auch böswillige, hundsgemeine Zeitgenossen gibt. Er selbst hat ein reines Herz und ein gutes Gewissen. Daraus glaubt er die logische Schlußfolgerung ziehen zu dürfen, daß andere Menschen genauso sein müßten wie er selbst.
Er hat den heiligen Pippi-Langstrumpf-Eid geleistet, niemals richtig erwachsen zu werden. Im Herzen bleibt er stets ein Kind: neugierig, treuherzig und voller Lebensfreude.
Wo andere Menschen ein lästiges Insekt, das sich durchs offene Fenster ins Zimmer verirrt hat, kurzerhand totschlagen, da läuft er rasch in die Küche, holt ein Glas, fängt den Brummer ein und bringt ihn durch die Haustür wieder

nach draußen. Er hat Respekt vor jeder Lebensform, von der Fliege in der Suppe bis zum Unkraut im Vorgarten, von Nachbars ewig kläffendem Dackel bis zum arktischen Wal; vermutlich bereitet es ihm sogar Gewissensbisse, daß er durch Einnahme von Grippe-Medikamenten die armen kleinen Bazillen tötet.

Menschen mit dieser Kombination sind herzlich, unkompliziert, kontaktfreudig und immer zu einem kleinen Schwätzchen aufgelegt. Nie jedoch wird man von ihnen gehässigen Klatsch oder schadenfrohe Gemeinheiten über die kleinen Fehler und Schwächen ihrer Bekannten zu hören bekommen. Die Kunst des positiven Denkens müssen sie nicht erst mühselig erlernen – sie wurde ihnen von einer »guten Fee« in die Wiege gelegt. Es ist praktisch unmöglich, mit ihnen nicht gut auszukommen.

### *6 – XXI – Universum*
### *Der Einsichtige*

Väterchen Kant und Papa Lessing hätten ihre helle Freude an ihm gehabt, denn er ist das, was man früher etwas zopfig »sittlich reif« nannte: ein Ausbund an Vernunft und Menschlichkeit. Was andere nur unter Zwang oder Strafandrohung tun oder lassen, das tut bzw. unterläßt er freiwillig, aus Einsicht in die Notwendigkeit und Rechtmäßigkeit der bestehenden Regeln und Gesetze. Schon als Kind beteiligt er sich weder an den herbstlichen Raubzügen durch die Schrebergarten-Kolonien, noch fertigt er für die Mathearbeiten kleine Schummelzettel an.

Verantwortungsbewußtsein und Pflichtgefühl sind für ihn keine fossilen Relikte aus dem preußischen Horrorkabinett. Die goldene Leitlinie seines Lebens ist, sei es ihm nun bewußt oder nicht, Immanuel Kants kategorischer Imperativ, der sinngemäß besagt, jeder Mensch solle so handeln, daß die Maßstäbe seiner Taten und Entscheidungen jederzeit als Grundlage für eine allgemeingültige, gerechte Gesetzgebung dienen könnten.

Gäbe es nur Menschen seines Schlages, so würde das Heer der Arbeitslosen durch die Polizisten, Strafvollzugsbeamten, Soldaten, Richter und Staatsanwälte noch vergrößert. Es gäbe keine Kriege, keine Gewalttätigkeiten, keine Verbrechen und keine Betrügereien mehr, weil alle Menschen wüßten, daß jemand, der einem anderen Menschen etwas Böses tut, in Wirklichkeit sich selbst den größten Schaden zufügt.

Rationalität mit menschlichem Antlitz, die Synthese aus Vernunft und Herzlichkeit ist das, was Menschen mit dieser Kombination im Alltag zu leben versuchen. Sie richten nicht über andere, sondern sind aufrichtig bemüht, ihren eigenen ethischen Grundsätzen konsequent treu zu bleiben.

# Kapitel 7

## *7 – 0 – Narr*
## *Der Nonkonformist*

Alles, was mit Normen, Uniformen, was mit Über-einen-Kamm-Scheren und vorurteilsgeladenen Klischeevorstellungen zu tun hat, ist ihm suspekt. Am Traditionellen hält er nur dann fest, wenn der Beweis erbracht wurde, daß das Eingebürgerte auch tatsächlich das Beste und Effizienteste ist.

Er bringt es fertig, in der glühenden Mittagshitze eines Sommertages seinen Nerzmantel anzuziehen und hoch erhobenen Hauptes an den geölten Leibern der Sonnenanbeter am Strand vorbeizustolzieren. Manche nennen ihn mit einer Mischung aus Hochachtung und Mißbilligung einen Exzentriker. Das schert ihn nicht. Von braven Biedermännern schief angesehen zu werden, findet er amüsant. Er hat Spaß am bewußten Anderssein.

Sein heimlicher Ehrgeiz besteht darin, andere Menschen in regelmäßigen Abständen zu verblüffen, indem er gänzlich unerwartete Dinge tut, die die engen Grenzen des Gewohnten sprengen. Er ist spitzfindig, geistreich und scharfsinnig. Wo er Einfältigkeit und Borniertheit wittert, da wird er aktiv. Es steckt ein kleiner Till Eulenspiegel in ihm, allzeit bereit, die gaffenden Massen zu äffen und zu narren, ihnen einen Spiegel vorzuhalten, in dem sie ihre dummen Gesichter erkennen können, und sich dann mit einer höflichen Verbeugung zu verabschieden. Mit all seinen wunderlichen Auftritten verfolgt er jedoch ernste Absichten: Er möchte die Leute wachrütteln und sie zum Nachdenken anregen. Auf kopfschüttelndes Mißverständnis zu stoßen, nimmt er billigend in Kauf. Fände er den Beifall oberflächlicher Menschen, so würde er darin einen Anlaß erblicken, mit sich selbst ernsthaft ins Gericht zu gehen. Er will nicht von den Vielen bejubelt, sondern von den Wenigen verstanden werden.

## *7 – I – Magier*
## *Der Intellektuelle*

In ihm schlummert ein Schriftsteller, ein Philosoph, Künstler oder Wissenschaftler. Sein Scharfsinn, seine konsequente Logik lassen sich nicht durch emotional getrübte Stimmungen korrumpieren. Unüberlegte Spontanentscheidungen »aus dem Bauch« trifft er nicht. Was er sagt, ist gründlich durchdacht, wenn auch nicht sofort für jeden verständlich und nachvollziehbar. Er ist den meisten Menschen geistig überlegen und klug genug, sich nichts darauf einzubilden, denn Hochmut und Dummheit hat er als die zwei Seiten ein und derselben Medaille erkannt.
Seine philosophischen Grundüberzeugungen manifestieren sich im täglichen Leben. Bigotterie, Doppelmoral und halbherzige Lippenbekenntnisse verabscheut er. Nie würde er gegen sein Gewissen oder gegen seine Überzeugungen handeln. Er ist fair, integer und intelligent.
Da Menschen mit dieser Kombination über die Fähigkeit zur Selbstbeherrschung verfügen, bleibt ihre latent melancholische Veranlagung im Regelfall verborgen. Als zutiefst enttäuschte Idealisten können sie sich in Zyniker oder Sar-

kastiker verwandeln, die hinter der Fassade ihres ätzenden Spottes eine heimliche Traurigkeit über die Unbelehrbarkeit der Menschen verbergen.
Oft tut man ihnen unrecht, wenn man ihnen Arroganz unterstellt; ihre Zurückhaltung basiert nicht, wie oft fälschlich gemeint wird, auf Überheblichkeit, sondern auf einem Grad an Schüchternheit, wie ihn bei Persönlichkeiten ihres Kalibers kaum jemand vermuten würde.

## *7 – II – Hohepriesterin*
## *Die Metaphysikerin*

Massenveranstaltungen, Reizüberflutung, Trubel und Hektik sind ihr zuwider. Ihr Leben ist arm an äußeren Ereignissen, aber reich an inneren Erlebnissen. Gern zieht sie sich mit einem guten Buch in ihr stilles Kämmerlein zurück oder unternimmt lange, einsame Spaziergänge durch die Natur. Lieber umgibt sie sich mit Pflanzen und Tieren als mit angetrunkenen, lärmenden Zechkumpanen. Seichte Vergnügungen, mit denen andere Menschen »die Zeit totschlagen«, interessieren sie nicht. Zeit ist Leben, und das Leben ist kostbar – deshalb weigert sie sich, kostbare Zeit mit oberflächlichen Menschen zu vergeuden.
Sie biedert sich bei niemandem an und gilt deshalb als reserviert. Manchmal leidet sie darunter, daß es so wenige Menschen gibt, mit denen man wirklich gute, fruchtbare Gespräche führen kann.
Ihre stark ausgeprägten philosophischen Neigungen gewähren ihr den Zugang zu Erkenntnissen, die vielen Menschen verschlossen bleiben. Auf der anderen Seite jedoch vermitteln ihr gerade diese wertvollen Einsichten biswei-

len das Gefühl, eine Außenseiterin, ein Fremdkörper inmitten ihrer unsensibel, vergnügungssüchtig und geistlos gewordenen Umwelt zu sein.
Vom schönen Schein des Äußerlichen läßt sie sich nicht blenden. Innerer Reichtum gilt ihr mehr als kostspielige Statussymbole und soziales Ansehen. Es gibt unendlich viele rätselhafte Dinge und ungeklärte Fragen, denen sie auf den Grund gehen möchte. Vor der Frage nach dem Sinn des Lebens läuft sie nicht mit Scheuklappen vor den Augen davon; unermüdlich forscht sie nach der Antwort. Wissen bedeutet für sie nicht Macht, sondern Glück.

## *7 – III – Herrscherin*
## *Die Theoretikerin*

Jede Art von Freude und Genuß ist für sie eine theoretische Angelegenheit. Sie kann träumend auf dem Sofa liegen und die größten Abenteuer erleben, die weitesten Weltreisen machen, ohne sich auch nur einen Schritt aus ihrer Wohnung entfernt zu haben. Auch die Liebe ist für sie primär eine gedanklich-theoretische Angelegenheit, frei nach dem Motto der Philine aus Goethes »Wilhelm Meister«: »Wenn ich dich liebe, was geht's dich an?« Sie kann einen Menschen heiß und innig lieben, ohne es den Betreffenden merken zu lassen. Ihre Liebe ist platonisch-ideell und strebt nicht notwendig nach einer Verwirklichung auf der realen Ebene. Der Rausch des Verliebtseins ist für sie kostbarer als derjenige Mensch, der diesen wundervollen Zustand in ihr ausgelöst hat.
Wohlgemerkt: Sie ist keine weltfremde Tagträumerin, die durch Realitätsflucht und Nabelschau bewußt eine Mauer

zwischen ihrem Innenleben und der grauen Wirklichkeit aufbaut. Vielmehr hat sie das Zentrum ihrer Freuden und Genüsse von der materiellen auf eine vergeistigtere Ebene erhoben.
Im Alltag erweist sie sich als intelligent, leistungsfähig, pragmatisch und realistisch. Den beruflichen oder privaten Anforderungen, die an sie gestellt werden, kommt sie mit Leichtigkeit nach. Ihr Verständnis in die Zusammenhänge der Dinge geht tiefer als das banale Zur-Kenntnis-Nehmen von Fakten und Informationen.
Menschen mit dieser Kombination sind im Berufsleben außergewöhnlich erfolgreich. Sie sind umgänglich, gütig und opferbereit, wahren aber immer eine höfliche Distanz zu ihren Mitmenschen.

## *7 – IV – Herrscher*
## *Der Forscher*

Wie ein Schwamm saugt er unablässig Informationen in sich auf. Ob beim Zeitunglesen oder bei der Lektüre von Fachliteratur, sei es beim Fernsehen, Radiohören, beim Gedankenaustausch mit anderen Menschen oder in der Position eines stillen Beobachters – der »Forscher« ist hellwach; seine »Antennen« sind immer auf »Empfang« gestellt. Alles sinnlich Wahrnehmbare verwandelt er in sprudelnde Informationsquellen – wie ein zweiter Sherlock Holmes, der notfalls aus den Resten einer Zigarre im Aschenbecher Rückschlüsse über Religionszugehörigkeit, Hautfarbe und den Beruf des vermutlichen Mörders ziehen konnte.
Uninteressante Dinge gibt es für ihn nicht. Auch scheinbar

belanglose Nebensächlichkeiten können ihm Aufschlüsse über ursächliche Zusammenhänge und die Strukturen bestimmter Handlungsabläufe gewähren. Er ist bekannt als aufmerksamer Zuhörer. Selbst wenn er den Namen »Sokrates« nur vom Hörensagen kennt, beherrscht er doch perfekt dessen Fragetechnik, mit deren Hilfe er die Aufmerksamkeit anderer Menschen auf das Wesentliche lenkt und so zum »Geburtshelfer« interessanter Ideen und Einsichten wird.
Der Intellekt ist bei ihm eindeutig das dominierende Element. Doch er ist keineswegs »von des Gedankens Blässe angekränkelt«, er ist kein anämischer Stubenhocker, kein weltfremder Bücherwurm. Energie, Tatkraft und Ehrgeiz spornen ihn zur aktiven Umsetzung seines theoretischen Wissens in die Praxis an.
Menschen mit dieser Kombination müssen oft feststellen, daß es für das, was sie anderen Menschen mitteilen und begreiflich machen möchten, nicht die treffenden Worte gibt. Daher kommt es, daß sie zwar in der Lage sind, andere Menschen gut zu verstehen, aber von ihren Mitmenschen nur selten wirklich verstanden werden.

## *7 – V – Hierophant*
## *Der Ironische*

Er zeichnet sich durch Selbstbeherrschung und Überlegenheit aus. Seine natürliche Autorität, die vollkommen unabhängig ist von seiner sozialen Position innerhalb der Gesellschaft, macht ihn zu einer respekteinflößenden Persönlichkeit. Wer ihm begegnet, der bringt ihm instinktiv Hochachtung entgegen.

Mit stoischer Gelassenheit bewahrt er den Überblick auch in Situationen, die andere Menschen kopfscheu machen würden. Von allgemeiner Panik und Massenhysterie läßt er sich nicht anstecken. Nur eines kann ihn aus der Ruhe bringen: Ungerechtigkeit. Temperamentvoll, wie man es ihm nie zugetraut hätte, ereifert er sich über Korruption, Vetternwirtschaft und Rücksichtslosigkeit der Machtbesessenen.

Man könnte ihn als einen selbstironischen Idealisten bezeichnen, der souverän genug ist, auch einmal über sich selbst zu lachen. Seine größte Stärke besteht in seiner Fähigkeit, Probleme zu abstrahieren, sie quasi auf eine mathematische Formel zu reduzieren und nach kurzer Analyse praktikable Lösungsvorschläge zu unterbreiten.

Was viele Menschen verwirrt, das ist seine höflich-ironische Distanz, mit der er über den Dingen steht. Sie dient ihm als Brücke über den Abgrund, der zwischen Ideal und Wirklichkeit klafft. Genau so, wie »Humor ist, wenn man trotzdem lacht«, so ist auch Ironie, wenn man trotzdem nicht verzweifelt.

Fragt man Menschen dieser Kombination um Rat, so erhält man manchmal Antworten, die gnadenlos und grausam klingen. Wer triefend vor Selbstmitleid zu ihnen geht, um sich bestätigen zu lassen, daß er die erbarmungswürdigste Kreatur auf Erden sei, der kommt durch ihre feine Ironie bald wieder zur Vernunft.

## *7 – VI – Liebende*
## *Der Großstadtneurotiker*

Menschen mit dieser Kombination erwecken oft den Anschein, als seien sie den Filmen Woody Allens entsprungen. Sie sind höchst komplizierte Charaktere mit einer liebenswert unfreiwilligen Komik. Selbst ihre einfachsten Gedankengänge gehen mindestens um drei Ecken.
Simple, linear-stringente Logik, basierend auf primitiven Wenn-Dann-Strukturen, wird im unübersichtlichen Labyrinth ihres Hochleistungs-Hirns nicht produziert. Darin liegt auch der Grund, weshalb sie nicht einmal von ihrem Psychiater verstanden werden können. Ihren dreidimensionalen, mehrfach verknoteten Überlegungen mit dem durchschnittlichen Alltagsverstand zu folgen, ist praktisch ausgeschlossen.
Einsteins Relativitätstheorie leuchtet dem »Großstadtneurotiker« auf Anhieb ein, doch wird der Lohnsteuer-Jahresausgleich ein ewiges, unfaßbares Mysterium für ihn bleiben. Wo seine Freunde und Bekannten beim besten Willen keine Komplikationen erkennen, da bricht er unter der Last der Verzweiflung über die Ausweglosigkeit seiner Situation zusammen. Wie ein Don Quijote im Kampf gegen die Windmühlen reibt er sich im ständigen Kampf gegen selbstgemachte Probleme auf. Er kapituliert vor alltäglichen Banalitäten. Hingegen fällt es ihm leicht, ernsthafte Schwierigkeiten mit einer eleganten Handbewegung vom Tisch zu wischen, um sich danach wieder in aller Ruhe seinen kunstvoll konstruierten Scheinkonflikten widmen zu können.
Seine intellektuelle Kapazität ist überdurchschnittlich groß. Es ergeht ihm wie den hochbegabten Problemkin-

dern, die gerade aufgrund ihrer bemerkenswerten Intelligenz zu »Schulversagern« werden: Viele Dinge kann er nur deshalb nicht verstehen, weil sie zu einfach sind und ihn heillos unterfordern.

## *7 – VII – Wagen*
## *Der Würdige*

Er lebt in Harmonie mit seinen Grundsätzen. »Sachzwänge« können ihn nicht korrumpieren. Faule Kompromisse schließt er nicht. Er ist nicht manipulierbar. Ernsthaftigkeit und Verantwortungsbewußtsein machen ihn zu einem verläßlichen Partner. Er zählt zu den wenigen Menschen, deren Charakter sich durch einen »Sechser« im Lotto oder eine Millionenerbschaft nicht verändern würde.
Trotz seiner Tatkraft und seiner Fähigkeit, erfolgreiche Projekte zu initiieren, ist er doch ein eher introvertierter, bescheidener Mensch, der sich selbst nicht übermäßig wichtig nimmt. Wann immer möglich, zieht er sich in ländliche Gegenden zurück, um Gelegenheit zur Meditation und Besinnung zu finden. In der Großstadt hat er das Gefühl, im Exil, in der Verbannung zu leben. Zugang zu seinem Inneren findet er nur in der Natur.
Was »in« oder »out« ist, kümmert ihn herzlich wenig. Die modischen Capricen des Zeitgeistes nimmt er schmunzelnd zur Kenntnis; während andere den immer neuen Trends hinterherlaufen, setzt er auf das zeitlos Beständige. Mutig schwimmt er auch gegen den Strom, wenn der Gang der allgemeinen Entwicklung eine Richtung eingeschlagen hat, die ihm unsinnig und falsch erscheint. Als »Außensei-

ter« zu gelten, schreckt ihn nicht, denn er hat einen gefestigten Charakter.
Leider streben Menschen seines Schlages nur höchst selten nach politischen Ämtern. Das ist bedauerlich, denn sie wären gute Politiker, weil ihnen die Sache stets wichtiger als ihre eigene Person ist, und sie den Gemeinnutz konsequent vor den Eigennutz stellen.

## *7 – VIII – Kraft*
## *Die Kunstkennerin*

Sie ist eine feinsinnige, gebildete Dame mit stark ausgeprägten kulturellen Interessen. Am wohlsten fühlt sie sich in der Gesellschaft von Intellektuellen, Exzentrikern und solchen Menschen, die als Kunstschaffende einen aktiven Beitrag zur Belebung des Kulturbetriebes leisten.
Neuen Entwicklungen in den Bereichen der Malerei, Literatur, Musik und des Theaters steht sie aufgeschlossen gegenüber. Sie kann, was kaum einer sonst noch vermag, nämlich: sich ein fundiertes Urteil bilden, ohne zuvor die Feuilletons der großen meinungsbildenden Tagespresse studiert zu haben. Sie braucht keine brillanten Berufskritiker, die ihr sagen, was Kunst und was Kitsch ist.
Menschen mit dieser Kombination verfügen über einen reichhaltigen Schatz an Fachwissen und Sachkenntnissen, den sie sich im Selbststudium angeeignet haben. Ihre Fähigkeit zum autodidaktischen Lernen versetzt sie in die Lage, unabhängig von den anerkannten Autoritäten zu eigenen Wertmaßstäben und einer erfrischend individuellen Betrachtungsweise der Dinge zu gelangen. Sie lesen gern, und manche von ihnen haben eine lyrische Ader, die sie je-

doch im Regelfall aus Bescheidenheit vor anderen Menschen verbergen. In den Geheimfächern ihrer Schreibtische liegen manchmal phantasievolle, intelligente, hinreißend schöne Gedichte, die sie jedoch nie einem anderen Menschen vorlesen oder zeigen würden.
Bei ihrem Esprit und ihrem Wissen müßten sie eigentlich der »Kometenkern« einer jeden Gesellschaft sein – wenn sie es nicht vorzögen, sich im Hintergrund zu halten. Lieber hören sie aufmerksam zu, als sich in den Mittelpunkt des allgemeinen Interesses zu drängen. Ihre vornehme Reserviertheit verleiht ihnen den Hauch des Exklusiven, der anziehend auf den »Weizen«, aber abstoßend auf die »Spreu« wirkt. Sie sind bemerkenswerte Menschenkenner und können schwatzhafte Blender auf den ersten Blick durchschauen.

## *7 – IX – Eremit*
## *Der Denker*

Die Außenwelt braucht er nur als Nahrungsmittel- und Informationslieferantin. Am liebsten zieht er sich in seine reiche Innenwelt zurück wie die Schnecke in ihr Haus.
Sein primäres Betätigungsfeld ist der Bereich des Intellektuellen. Würde man ihm das Denken verbieten, was glücklicherweise nicht möglich ist, denn: »Die Gedanken sind frei!«, so würde er auf der Stelle elendiglich zugrunde gehen.
Falls er das Pech hat, kein millionenschwerer Erbe zu sein, wird er früher oder später vor die mißliche Zwangslage gestellt werden, zum Zwecke des Gelderwerbs intensivere Kontakte zur Außenwelt aufnehmen zu müssen. Bei der Ausübung von Berufen, die schwere körperliche Arbeit,

durchgeschwitzte Hemden und schmutzige Finger mit sich bringen, wird man ihn nur in seltenen Ausnahmefällen antreffen. Er bevorzugt geistige Tätigkeiten, die nach Möglichkeit vom Schreibtisch aus oder sogar freiberuflich zu Hause erledigt werden können.

In seiner Freizeit unternimmt er Wanderungen durch Wälder oder Parks. Er sucht die Natur. Einsame Orte ziehen ihn magisch an. Begegnen ihm auf seinen Spaziergängen zufällig Freunde oder Bekannte, so ist es gut möglich, daß er sie zu grüßen vergißt, weil er so tief in Gedanken versunken ist, daß er sie schlichtweg übersieht.

Menschen mit dieser Kombination schließen gern Brieffreundschaften mit Menschen aus aller Herren Länder. Den direkten Kontakt mit anderen Menschen versuchen sie soweit irgend möglich auf ein Minimum zu reduzieren. Das persönliche Gespräch oder das Telefonat wirkt ein bißchen beängstigend auf sie. Am liebsten äußern sie sich schriftlich. Auf dem schriftstellerischen Sektor können sie es zu großen Leistungen bringen.

## *7 – X – Schicksalsrad*
## *Der Vordenker*

In seinem Geist, in seiner Vorstellungskraft haben sich die sensationellsten zukünftigen Entwicklungen längst vollzogen. Er sieht Südafrika schon jetzt vor seinen »inneren Augen« als eine gemischtrassige Vielvölkerdemokratie nach amerikanischem Vorbild; die Atomwaffen sind verschrottet, die Ernährungsprobleme der dritten Welt gelöst, und bösartige Krankheiten, die bislang als unheilbar galten, können aufgrund neuer medizinischer Forschungsergebnisse schnell und problemlos ambulant behandelt werden. Seine Ideen sind der allgemeinen Entwicklung um Jahre, wenn nicht Jahrzehnte voraus. Der Status quo kann ihn nicht schrecken, denn in den Mißständen von heute erblickt er die Voraussetzung für reformatorische Fortschritte von morgen.

Er ist überzeugt von der Wahrheit der alten alchemistischen Lehre, die besagt, daß jede Veränderung auf der materiellen Ebene der Realität eine direkte Folge von Veränderungen ist, die zuvor im Denken und Fühlen der Menschen, also auf einer immateriellen Ebene stattgefunden haben. Große umwälzende Erneuerungen sind für ihn die Summe aller kleinen Neuorientierungsprozesse innerhalb der Individuen.

Er ist kein weltfremder Utopist – im Gegenteil. Seine Gedankengänge sind logisch und konsequent. Er hat den Mut, »gegen den Strom« zu denken und sich notfalls auch von bornierten Berufs-Pessimisten auslachen zu lassen. Im Alltag schwankt er beständig zwischen Phasen des Rückzugs von anderen Menschen und der Kontaktfreude hin und her. Mal sucht er die Gesellschaft anderer, dann wieder ist er für niemanden zu sprechen. Falls man eine Zeitlang nichts von ihm hört, so bedeutet es nicht, daß er seinen Bekannten die Freundschaft aufgekündigt hat, sondern daß er Zeit zur Besinnung und zum Nachdenken braucht. Nach einer Weile wird er wieder mit vielen neuen, interessanten Ideen vor der Haustür stehen.

## *7 – XI – Gerechtigkeit*
## *Die Eklektizistin*

Sie ist in der Lage, aus den unterschiedlichsten, ja zum Teil gegensätzlichsten Ideologien ein völlig neues, weitgehend widerspruchsfreies Gedankengebäude zu errichten. Das jeweils Beste aus Christentum und Atheismus, Kommunismus und Kapitalismus, Konservatismus und Progressivität filtert sie sich aus den entsprechenden Philosophien heraus. Ihr Weltbild setzt sich aus den verschiedenfarbigsten Bruchstücken westlicher und östlicher, traditioneller und moderner, mystischer und materialistischer Lehren zu einem faszinierenden Mosaik zusammen.

Theoretische Grundsatzdebatten zwischen rechthaberischen Vertretern unterschiedlicher Ansichten findet sie belustigend. Sie betrachtet die Dinge von einer höheren Warte aus, von einer Stufe des Denkens, die sich oberhalb der einander befehdenden Gegensätze befindet. Zänkische Dogmatiker tun ihr leid. Sie hat erkannt: solche Menschen wissen nichts, denn ihre Borniertheit steht wie eine unüberwindliche Mauer zwischen ihnen und der Wahrheit.

Ihr klares Urteil wird durch keine parteiischen Rücksichtnahmen getrübt. Während andere Menschen sich an ihre unabänderlichen Überzeugungen festklammern wie an einen Rettungsring, ohne den sie sich im endlosen Meer der verschiedensten Perspektiven menschlichen Denkens verloren glauben, verschließt sie sich neuen Ansichten nicht. Sie nimmt das Menschenrecht auf Irrtümer für sich in Anspruch. Ihr Intellekt wird nicht durch »päpstliche« Unfehlbarkeitsansprüche in Ketten gelegt.

Da sie glaubt, daß die letztgültige, absolute Wahrheit für den menschlichen Geist nicht faßbar ist, sammelt sie emsig all die kleinen Teilwahrheiten, die in den philosophischen Traditionen der Menschheit überliefert worden sind. Über den Globus verstreute Bruchstücke einer ursprünglich einmal vollkommenen Wahrheit setzt sie zusammen, in der Hoffnung, auf diese Weise einen Annäherungswert zu erhalten, der ungefähre Rückschlüsse zuläßt auf eine mögliche Beantwortung der resignativen Pilatusfrage: »Was ist Wahrheit?«

## *7 – XII – Gehängter*
## *Der Entsager*

Die Romane Goethes (von »Wilhelm Meister« bis zu den »Wahlverwandtschaften«) wimmeln nur so von tragischen Figuren, deren Hauptbeschäftigung das »Entsagen« ist. Sie üben sich im freiwilligen Verzicht auf das, was sie am meisten ersehnen, und hoffen, auf diese Weise an menschlicher Größe, an Würde und Weisheit zu gewinnen.
Menschen mit dieser Kombination könnte man als verspätete geistige Kinder der Goethe-Figuren bezeichnen. Bescheidenheit gilt ihnen als eine Zier, die dem Bescheidenen allerhand immaterielle Vorteile einträgt. Sie verzichten zugunsten anderer, treten zurück, nehmen ihre legitimen Rechte nicht in Anspruch, praktizieren Selbstverleugnung bis an die Grenze der Askese und schweben in der Gefahr, mit zunehmendem Alter immer verbitterter, statt, wie erhofft, freier und fröhlicher zu werden.
Bisweilen sind sie so edelmütig, daß man es schier nicht ertragen wird. Man kann sich des leisen Verdachtes nicht erwehren, daß die eigentliche Ursache ihrer Selbstlosigkeit ein heimlicher Selbsthaß ist.
Menschen mit dieser Kombination müssen sich unbedingt

über den wahren Grund ihrer Bereitschaft zur Verzicht und Selbstüberwindung bewußt werden. Sie müssen klären, ob die Vorteile, die sie sich davon versprechen, nicht auch auf eine andere Weise erlangt werden können. Dies dürfte ihnen nicht schwerfallen, denn sie sind intelligent und neigen durchaus nicht dazu, sich etwas vorzumachen. Doch ihr privater »Entsagungs-Mythos« ist so etwas wie die Achillesferse ihres Intellekts. (Mensch, wach auf! Das Zeitalter der sterbenden Götter ist vorbei. Leid ist nicht mehr der Preis der Erkenntnis!)

## *7 – XIII – Tod*
## *Der Melancholiker*

»Ich weiß nicht, was soll es bedeuten, daß ich so traurig bin« – diese Verse Heinrich Heines sprechen ihm aus der Seele. Der »Melancholiker« mißbraucht seine Intelligenz als eine »schwarze Brille«, durch die hindurch betrachtet die Welt nur düster und bedrohlich aussehen kann. Seine latente Schwermut paart sich auf ungute Weise mit seinem Scharfsinn, seiner analytischen Denkfähigkeit und seiner Introvertiertheit. Jeder Trost erscheint ihm als Schwindel, jede Hoffnung als Betrug, jeder Silberstreif am Horizont als trügerische Fata Morgana.
Er spricht nicht gern über seine traurigen Gedanken. In bestimmten Phasen seines Lebens durchleidet er seelische Höllenqualen, die zu beschreiben kein Wort gräßlich genug ist. Er kennt die tiefen, finsteren Abgründe der Seele, die schwarzen Löcher der Psyche, die jede freudige Regung, jedes zaghafte Auflodern der kreatürlichen Vitalität sofort verschlucken, vernichten, aufsaugen und neutralisieren.

Menschen mit dieser Kombination brauchen viel Zuneigung und Verständnis, auch und gerade dann, wenn sie abweisend erscheinen. Sie sind dankbar für jedes freundliche Wort, jede Umarmung. Ihre Gefühle sind tief, aufrichtig und verletzlich. Sie neigen dazu, ihren eigenen Wert sträflich zu unterschätzen und kommen sich manchmal wie die nutzlosesten, überflüssigsten Geschöpfe auf der Welt vor, deren Verschwinden niemand bemerken oder gar bedauern würde. Sie können sich kaum vorstellen, daß sie es wert sind, geliebt zu werden. Daraus resultiert ihre Zurückhaltung, ihre Schüchternheit, ihre Kontaktarmut. Es lohnt sich, auf sie zuzugehen und sie anzusprechen – treuere Freunde als sie wird man kaum finden.

## *7 – XIV – Alchemie*
## *Der Igel*

Wie ein Igel, der, wenn die Tage kürzer werden, in den Winterschlaf geht, so zieht auch er sich von Zeit zu Zeit vollkommen zurück. Er »igelt« sich ein und widmet sich meditativen Tätigkeiten. Er braucht beides: Lärm und Stille, Trubel und Besinnung, Hektik und Entspannung. Am wohlsten fühlt er sich in einer kleinen Wohnung in einem verwinkelten Innenstadt-Gäßchen, wo er sowohl den Blick auf begrünte Hinterhöfe genießen kann als auch die Gewißheit hat, daß ihn nur wenige Schritte und ein schneller Entschluß von Kneipen-Geselligkeit und dem Dolce vita der Nacht trennen.
Seine Bedürfnisse sind höchst widersprüchlicher Natur. Gegensätzliche Lebensweisen üben eine gleichstarke Faszination auf ihn aus. Wochenlang vergräbt er sich hinter

Büchern, treibt Studien und Experimente oder ist so sehr von einer kreativen Arbeit besessen, daß er das Interesse an der Welt ringsumher verliert. Wie Phönix aus der Asche taucht er dann unverhofft wieder auf, vollkommen verwandelt, gesellig, gesprächig, unternehmungslustig und kontaktfreudig – bis ihn das Vergnügen zu langweilen beginnt, und er wieder das Bedürfnis verspürt, sich von der Außenwelt abzukapseln. Am liebsten führte er das Leben eines Pendlers zwischen Trappistenkloster und neonhellem Großstadtboulevard. Zwei Wochen strenge Klausur und Schweigegelübde, abwechselnd mit zwei Wochen im Rausch der Bacchanale und Saturnalien, wieder zwei Wochen besessenes Arbeiten, denen zwei Wochen der wilden, animalischen Lebensfreude folgen – solch ein stetiger Wechsel könnte ihm behagen.

## *7 – XV – Teufel*
## *Der Eigenbrötler*

Gleichgültig, wie leutselig und kontaktfreudig er sich auch gibt – er wird immer ein wenig beargwöhnt. Sein ausgeprägter Individualismus ist den braven Bürgern insgeheim suspekt. Selten wird ihm spontanes Vertrauen entgegengebracht.

Es ist etwas Seltsames, Eigenwilliges an ihm, etwas Unheimliches und Unberechenbares. Er paßt in kein Raster, in keine »Schublade«, man kann ihn keinem Klischee zuordnen. Und das wirkt beunruhigend auf die meisten Menschen. Volkstümliche Bierzelt-Bruderschaften können mit ihm nicht geschlossen werden; seine Distanziertheit, seine heimliche Ironie lassen so etwas nicht zu.

Bisweilen scheint es, als lodere in ihm die Flamme ewigen Hasses auf etwas oder jemanden, als fiele es ihm schwer, seinen heimlichen Zorn zu zügeln. Schlichte Gemüter geben offen zu, daß ihnen der »Eigenbrötler« nicht ganz geheuer ist. Er gibt sich schweigsam und bedächtig, er hält sich zurück. Man hat den Eindruck, als führe er nur »halbe Kraft voraus«, um Reserven zu sammeln für irgendeinen »großen Schlag«, den er für die Zukunft geplant habe. Die Maske des »finsteren Gesellen« setzt er immer dann auf, wenn er sich dumme und oberflächliche Menschen vom Halse halten will. Wer ihn näher kennt, wird ihn wegen seiner durchdachten Ansichten schätzen und wegen seiner plötzlichen Stimmungsumschwünge fürchten. Spießbürgerliche Selbstzufriedenheit wird man an ihm nicht entdecken. Sein leidenschaftliches Interesse gilt Skurrilitäten und exzentrischen Absonderlichkeiten, die nicht eben dazu angetan sind, ihm das Mottenkugel-Filzpantoffel-Flair eines betulichen Biedermannes zu verleihen. Falls man das Gerücht in die Welt setzte, er sei ein Werwolf, so würden die meisten Menschen es sofort glauben.

## *7 – XVI – Turm*
## *Der Kreuzritter*

Der Zorn ist seine Kraft. Empörung macht ihn stark. Unbändige Wut auf alles Böse, Unmenschliche kann ihn mit solch geballter Energie erfüllen, daß er alle Widerstände bricht. Seine Ritterlichkeit sowie seine Bereitschaft, sich aktiv für schwache Menschen einzusetzen, lassen manchmal den Eindruck entstehen, als habe er sich geradewegs aus dem Mittelalter in diese Zeit hinein verirrt.

Sein Denken richtet sich immer gegen etwas, das er besiegen möchte. Er will Mißstände beseitigen, will vernichten und zerstören, was Leid und Elend über die Menschen bringt, um Platz zu schaffen für tiefgreifende Veränderungen. Er stellt sich vor, alle häßlichen Wohnblocks abzureißen, damit eine neue menschenwürdige Architektur, die Kommunikation und Zusammengehörigkeitsgefühl unter den Nachbarn fördert, an die Stelle der tristen, deprimierenden Anonymität der Satellitenstädte treten kann. Wenn es in seiner Macht stünde, würde er Verbote erlassen, die die Weiterverbreitung verdummender Vorurteile und gefährlicher Lügen unter Strafe stellen.
Seine hohen Ideale bergen die latente Gefahr bitterer Enttäuschung in sich. Ohnmächtige, blindwütige Zerstörungslust ergreift dann Besitz von dem Desillusionierten, und er schlüpft in die Rolle des Rächers, der den »Zorn der Götter« leibhaftig verkörpert. Doch durch Selbstbeherrschung lenkt er seinen Zorn in fruchtbare Bahnen; statt berserkerhaft dreinzuschlagen, vergeistigt er seine Empörung und lenkt sie auf abstrakte Prinzipien, denen er den Krieg erklärt. Er ist betrogen worden? Kampf dem Betrug! Er ist belogen worden? Kampf der Lüge! Er ist zusammengeschlagen und beraubt worden? Kampf der Gewaltkriminalität in unseren Städten! Seine eigenen schlimmen Erfahrungen nimmt er zum Anlaß, sich Gedanken über die zugrundeliegenden Strukturen zu machen und das Übel bei der Wurzel zu packen, um es dann gnadenlos auszumerzen. Wenn er ein schlimmes Schicksal erleidet, tut er alles Menschenmögliche, um andere davor zu bewahren.

## *7 – XVII – Stern*
## *Die Mystikerin*

Fast alle Menschen mit dieser Kombination haben schon Erlebnisse der unerklärlichen Art gehabt. Sie kommen in Berührung mit Kräften, deren Struktur, Funktion und Herkunft unbekannt sind. Die Angst, für verrückt gehalten zu werden, verschließt ihnen den Mund. Wer würde ihnen glauben in einer Welt, in der nur das für real gehalten wird, was in wissenschaftlichen Experimenten eindeutig nachgewiesen, gemessen und klassifiziert werden kann? Präkognitive Träume, Visionen, hypnoluzide Zustände lassen sich nicht in Reagenzgläser füllen oder im Labor endlos reproduzieren.

Zwar wäre es für andere Leute wichtig und wertvoll, von diesen ungewöhnlichen Erfahrungen zu hören, aber was diese Menschen zu berichten wissen, wäre derart sensationell, daß man es für eine Ausgeburt der Phantasie halten würde.

Menschen mit dieser Kombination sind »alte Seelen«, die in vorangegangenen Inkarnationen bereits einen sehr hohen Entwicklungsgrad erreicht haben. Ihr »karmisches Soll« ist bis auf einen minimalen Rest erfüllt. Esoterisches Wissen eignen sie sich in einer rasanten Geschwindigkeit an, beinahe so, als frischten sie nur alten Lernstoff auf, den sie sich schon vor langer Zeit einmal angeeignet haben. Der Prozentsatz von Menschen, die sich an vorangegangene Leben erinnern können, ist unter den »Mystikerinnen« überdurchschnittlich hoch. Früher oder später steigen Bilder in ihnen auf, die fremd und doch altvertraut zugleich sind. Wildfremde Menschen, die sie nie zuvor gesehen haben, kommen ihnen bekannt vor. Plötzlich fällt ihnen ein, woher die Bekanntschaft stammt – doch sie sprechen nicht darüber. Sie wollen sich nicht lächerlich machen. Wer einen solchen Menschen zum Freund hat und sein Vertrauen gewinnt, wird von ihm Dinge erfahren, die sein gesamtes Denken und Handeln, sein bisheriges Weltbild radikal verändern.

## *7 – XVIII – Mond*
## *Der Kauz*

Was die Leute über ihn reden, schert ihn einen feuchten Kehricht. Dieses selbstbewußte Desinteresse an der Meinung anderer macht ihn zu einer autonomen Persönlichkeit, die von anderen Menschen insgeheim glühend heiß beneidet wird.
Er hat keine Lust, ständig einen »guten Eindruck« zu hinterlassen. Sein Lebensstil, seine Ausdrucksweise, seine Ansichten und Gewohnheiten weichen im Regelfall so stark von der Norm ab, daß man ihn für ein »Original« halten kann. Seine innere Freiheit, seine Mißachtung aller Konventionen und gesellschaftlichen Domestikations-Mechanismen, manifestiert sich früher oder später auch im Alltag. Der »Kauz« ist störrisch, eigensinnig, exzentrisch und beherrscht die große Kunst, sich das Recht auf Narrenfreiheit zu erkämpfen. Er genießt es, tun und lassen zu können, was er will, mögen die Leute nun den Kopf über ihn schütteln oder spöttisch grinsen, sobald er erscheint – es kümmert ihn nicht.
Die Rolle des »Bürgerschrecks« ist ihm wie auf den Leib geschrieben, auch wenn er keine Lust hat, sie ununterbrochen zu spielen. Er zählt zu denjenigen, vor denen uns unsere Eltern immer gewarnt haben – weil sie fürchteten, wir

könnten eine Menge Spaß mit ihnen haben ... Seine Ansichten sind konsequent durchdacht und gerade deshalb für die meisten Menschen nicht nachvollziehbar. Wo der Durchschnittsmensch mit dem Denken aufhört und sich lieber an den Standard-Normen ausrichtet, ohne sich weitere Gedanken über Sinn, Zweck und Herkunft dieser Pauschalantwort zu machen, da setzen die Überlegungen des »Kauzes« erst ein. Mit einer Mischung aus Pioniergeist, Forscherehrgeiz und intellektueller Abenteuerlust wagt er sich an Fragen und Themenkomplexe heran, vor denen »Otto Normalverbraucher« aus purer Denkfaulheit zurückschrecken würde. Auf diese Weise gewinnt er Erkenntnisse, die im krassen Gegensatz zu den Banalitäten stehen, die der »gesunde Menschenverstand« zutage fördert.

## *7 – XIX – Sonne*
## *Der Buddha*

Er ist vollkommen eins mit sich. Auch wenn er ein gertenschlanker Hänfling sein sollte – irgendwie fühlt man sich durch ihn an die Figürchen sitzender Buddhas erinnert, die, ganz und gar versunken in überirdischer, heiterer Gelöstheit, in ihrem voluminösen Körper fürstlicher residieren als ein Kaiser in seinem Palast.
Man begegnet ihm instinktiv mit Respekt und wagt oft nicht, ihn spontan anzusprechen, obwohl er den meisten Menschen auf Anhieb sympathisch ist. So kommt es, daß der »Buddha« viel beliebter ist, als er überhaupt weiß.
In seiner Gegenwart überkommt manchen die Angst davor, sich lächerlich zu machen oder schroff zurückgewiesen zu werden. Diese Angst ist zwar unbegründet, denn

der »Buddha« ist herzlich und freundlich, aber wie kann man das wissen, ohne den ersten Schritt auf ihn zu gemacht zu haben? Viele Menschen würden ihn gern näher kennenlernen oder sogar mit ihm befreundet sein. Aber sie haben nicht den Mut, es offen zu zeigen.
Menschen mit dieser Kombination sind nachdenklich, aber nicht depressiv; sie lieben tiefgründige Gedankengänge, ohne jedoch in melancholische Verstimmungen zu verfallen. Sie zeichnen sich durch große Wahrheitsliebe aus und beschäftigen sich gern mit intellektuellen Dingen.
Über ihrer Wiege muß eine »gute Fee« gestanden haben, denn schwere Krankheiten bleiben ihnen im Regelfall ebenso erspart wie Armut und Entbehrungen. Ihre kreative Energie, gepaart mit ihrer großen Intelligenz, kann ihnen zu Ruhm und Ansehen verhelfen.
Man kann die aufregendsten Liebesabenteuer mit ihnen erleben. Für die Ehe sind sie jedoch ziemlich ungeeignet. Vielleicht liegt es daran, daß sie so sehr eins mit sich selbst sind, daß sie gar keine männliche bzw. weibliche Ergänzung in Person eines Partners brauchen.

## *7 – XX – Aeon*
## *Das Einzelkind*

Ob es das älteste von neun Geschwistern oder das jüngste von dreien ist – sein Leben lang wird es sich aufführen wie ein verwöhntes Einzelkind. Einzelkindern wird mehr Aufmerksamkeit und gezieltere Förderung ihrer Talente zuteil als Kindern, die Geschwister haben. Man brät ihnen »Extrawürste«. Genau solch eine Sonderbehandlung erwartet ein Mensch mit dieser Kombination in seinem Leben.

Die Tatsache, daß er Privilegien für sich in Anspruch zu nehmen wünscht, steht in scheinbarem Widerspruch zu seinem ausgeprägten Gerechtigkeitssinn. Für ihn selbst jedoch gibt es in dieser Hinsicht keinerlei Widersprüche: Er hält es nur für recht und billig, seinen anspruchsvollen Bedürfnissen entsprechend behandelt zu werden. Wer weniger vom Leben verlangt, bitte, der soll halt auch weniger bekommen. So läßt sich, kurzgefaßt, seine individuelle Logik auf eine Formel bringen.

Wenn er keinen Partner findet, dem es den Himmel auf Erden bedeutet, ihm jeden Wunsch von den Augen abzulesen, kann sich ein Mensch mit dieser Kombination in einen Melancholiker verwandeln. Er glaubt dann, vom Leben schändlich um seine legitimen Rechte betrogen worden zu sein und empfindet aufrichtiges Mitleid mit der bedauernswerten Kreatur, zu der er aufgrund der Launen eines übelwollenden »Schicksals« geworden ist. Bisweilen macht er sich das Leben durch Selbstanklagen zur Hölle. Minderwertigkeitsgefühle, entstanden aus enttäuschten Illusionen, die er sich über seine eigene Person gemacht hat, verdüstern sein Gemüt. Aus diesem Sumpf der Depressionen kann er sich aus eigener Kraft nicht befreien. Es lohnt sich, ihm zu helfen, endlich »erwachsen« zu werden, denn sobald er in Harmonie mit sich selbst zu leben gelernt hat, entwickelt er sich zu einem tatkräftigen, liebenswerten und hilfsbereiten Menschen.

## *7 – XXI – Universum*
## *Der Aussteiger*

Menschen mit dieser Kombination führen ein »Zwei-Phasen-Leben«, das durch eine scharfe Zäsur in zwei vollkommen gegensätzliche Hälften getrennt wird.
Oft lastet auf ihrer Seele ein uneingestandenes Schuldgefühl, das in vielen Fällen karmischer Natur ist und für das es, betrachtet man nur die derzeitige Inkarnation, keinerlei Ursachen zu geben scheint. Dennoch haben sie das sichere Gefühl, für etwas büßen und irgend etwas wiedergutmachen zu müssen. Sie leben in der unbewußten Erwartung einer verdienten Strafe – aber sie bleibt aus. Diese Tatsache beunruhigt sie, und am liebsten würden sie vor ihrem eigenen Schatten davonlaufen. In der Mitte ihres Lebens kommt ihnen dann die »große Erleuchtung«. Sie befreien sich von ihren Ängsten. Dieses Gefühl der Freiheit manifestiert sich auch erkennbar im Alltag; kaum haben sie seelischen Ballast abgeworfen, sprengen sie auch die übrigen Fesseln, die sie als beengend empfunden haben. Sie brechen morsche Brücken hinter sich ab und verwirklichen langgehegte Träume.
Im Regelfall zeichnet sich die zweite Lebenshälfte des »Aussteigers« durch eine größere Naturverbundenheit und eine Verlagerung des Interessenschwerpunktes auf religiöse oder philosohische Fragenkomplexe aus. Statt nach Geld oder Anerkennung, strebt er, nachdem die Zäsur in seinem Leben stattgefunden hat, in erster Linie nach Weisheit und Erkenntnissen. Der ehemalige Manager wird zum kräuterkundigen Wundergreis, die streßgeplagte Karrierefrau verwandelt sich in eine besonnene Schafzüchterin, die zum ersten Mal fühlt, was das ist: glücklich sein!

# Kapitel 8

## *8 – 0 – Narr*
## *Der Skrupellose*

Er neigt zu der Ansicht, daß der Zweck die Mittel heilige. Wichtig für ihn ist das Ziel; auf welchem Weg er es erreicht, ist von untergeordneter Bedeutung für ihn. Rücksichten nehmen oder Rechenschaft für seine Handlungen ablegen zu müssen, liebt er gar nicht. Die Ethik hält er für eine Sammlung tradierter Vorurteile, die von den Mächtigen erdacht wurden, um die Massen zu unterdrücken. Der »Skrupellose« läßt sich grundsätzlich durch nichts und niemanden entmutigen. Eine Zeitlang mag es, von außen betrachtet, zwar so scheinen, als habe er kapituliert. Aber der Schein trügt. Er wirft die Flinte nicht ins Korn. Seine Identifikation mit dem angestrebten Ziel ist so stark, daß alle Einwände, die man vorbringen könnte, keinerlei Wirkung bei ihm zeitigen. Sein Ehrgeiz und seine Beharrlichkeit sind stärker als das stichhaltigste Gegenargument. Macht und Reichtum stehen an der ersten Stelle seiner individuellen Werteskala. Der »Skrupellose« weiß, oftmals aus eigener leidvoller Erfahrung, wie gnadenlos jemand, der weder Geld noch einflußreiche Fürsprecher hat, von anderen Menschen gedemütigt werden kann. Seine Philosophie reduziert sich auf die griffige Formel: »Treten oder getreten werden«. Nichts fürchtet er so sehr wie das Gefühl ohnmächtigen Ausgeliefertseins. Er hat sich gegen das »getreten werden« entschieden und bewußt den anderen

Weg eingeschlagen. Wer seine Lebensgeschichte kennt, der weiß, weshalb. Man mag seine Entscheidung zwar mißbilligen, aber sie ist menschlich verständlich.
»Der Skrupellose« ist nicht bösartig, sondern verwundbar. Aus dem Wissen um seine Verwundbarkeit zieht er den logischen Schluß, daß nichts und niemand auf der Welt jemals wieder die Macht haben darf, ihn zu demütigen, zu verletzen oder zu mißhandeln. Geld und Macht hält er für den sichersten Schutz vor den Übergriffen anderer Menschen.

## *8 – I – Magier*
## *Der Maskierte*

Wie der Hauptmann von Köpenick, ist er eine Art »Hochstapler aus Notwehr«. Weil er sich keinen besseren Rat weiß, schlüpft er in Rollen, die ihm eigentlich gar nicht auf den Leib geschrieben sind. Manche Menschen mit dieser Kombination leiden ihr Leben lang unter der Zwangsvorstellung, sich anderen Leuten gegenüber verstellen zu müssen.
Im Beruf zum Beispiel spielt der »Maskierte« den tyrannischen Wüterich, um sich Respekt zu verschaffen und einen zügigen Arbeitsablauf zu garantieren, während er in Wirklichkeit vielleicht schüchtern und verängstigt ist. Er fürchtet, Nachsicht könne ihm als Schwäche ausgelegt werden. Bewußt verbirgt er seine Gutmütigkeit vor anderen Menschen, um nicht schamlos ausgenutzt zu werden. Er scheut davor zurück, sich so zu zeigen, wie er ist.
Viele Menschen mit dieser Kombination haben in ihrer Jugend schlimme Enttäuschungen erleben müssen und sich geschworen: »Das passiert mir nie wieder!« Ihre bösen Er-

innerungen sind der Motor, der sie vorantreibt, ihren Ehrgeiz anstachelt und sie zwingt, ihren »weichen Kern« unter einer »harten Schale« zu verbergen.
Zu wirklicher Souveränität können sie nicht gelangen, denn es fehlt ihnen der Mut, sich offen zu ihrer eigenen Schwäche zu bekennen. Sie werden von der Angst, Fehler zu machen und von der Angst, durchschaut zu werden, beherrscht. Die Gesetze der Leistungsgesellschaft erkennen sie als verbindlich an. Durch harte Arbeit bringen sie es zu Wohlstand und Ansehen. Insgeheim hoffen sie, daß Geld glücklich macht. Die Hoffnung trügt, aber die Fassade wird kunstvoll aufrechterhalten. Wenn all ihre materiellen Bedürfnisse befriedigt sind, schlüpfen sie in die Rolle des Zufriedenen, denn: »Wie's drinnen aussieht, geht niemanden was an!«

## *8 – II – Hohepriesterin*
## *Die Karrierefrau*

Sie ist ein Energiebündel, ein Muster an Willenskraft und Durchsetzungsfähigkeit. Ihr Auftreten ist charmant, aber kompromißlos. Wenn sie sich etwas in den Kopf gesetzt hat, kann niemand sie bremsen.
Wer ihr begegnet, könnte glauben, ihr Onkel sei Polizeipräsident, ihr Vater Multimillionär, ihr Bruder Rechtsanwalt und ihr Schwager der Alleininhaber einer Privatbank. Doch ihr Selbstbewußtsein ist kein »geborgtes«, sondern Folge des unerschütterlichen Vertrauens, das sie in ihre eigene Kraft setzt. Sie fühlt sich stark, unabhängig und allen Herausforderungen gewachsen. Erfolgserlebnisse sammelt sie wie andere Leute Briefmarken. Nur eines kann ihre Karriere beenden: die Liebe. Aus falscher Rücksicht-

nahme auf ihren Freund oder Mann kann sie ihr Licht absichtlich unter den Scheffel stellen, um dem Partner nicht das Gefühl der Unterlegenheit zu geben. Auf diese Weise fügt sie sich in bester Absicht großen Schaden zu und läßt ihre bemerkenswerten Talente jämmerlich verkümmern.
Männliche Vertreter dieser Kombination erwecken äußerlich oft den Anschein schwächlicher Softies; man unterschätzt sie zunächst, bis man erkennt, daß sie in Wahrheit knochenharte Burschen sind, die durch geschickte Verhandlungsstrategien die einträglichsten Geschäftsabschlüsse tätigen.
Beiden, sowohl den männlichen wie auch den weiblichen Vertretern dieser Kombination, kommen in ihrem Leben immer wieder günstige Zufälle zustatten, die in finanzieller Hinsicht höchst erfreuliche Verbesserungen mit sich bringen.

## *8 – III – Herrscherin*
## *Die Frau Gemahlin*

Es befriedigt ihren persönlichen Ehrgeiz vollkommen, die Frau eines erfolgreichen Mannes zu sein. Die Aufgabenverteilung in der Ehe stellt sie sich folgendermaßen vor: Er verdient das Geld, sie gibt es aus. Mit den finanziellen Mitteln, die ihr zur Verfügung stehen, und mit ihrem exquisiten Geschmack vermag sie ein Optimum an großbürgerlicher Behaglichkeit zu schaffen. Gut möglich, daß weder Butter, Brot noch Wurst in ihrer Küche zu finden sind – doch an Sekt, Kaviar und Pralinen wird es in ihrem Haushalt nie fehlen. Sie kann auf alles verzichten, nur nicht auf Luxus.
Mit Charme und Eleganz repräsentiert sie den sozialen

Status ihres Gatten nach außen hin; sie macht seinen Erfolg für jeden sichtbar. Schandmäuler nennen sie den »Juwelenständer« ihres Mannes.
Männliche Vertreter dieser Kombination neigen nicht dazu, sich aufgrund von Überarbeitung die typischen »Managerkrankheiten« wie Kreislaufkollaps, Magengeschwüre und Herzinfarkt zuzuziehen. Lebensfreude ist ihnen wichtiger als der Götzendienst am Mammon. Sie jagen dem Geld nicht nach, und deshalb hat das Geld, das eine höchst sensible Wesenheit ist, auch keinen Grund, vor ihnen zu flüchten. Daß man im Schweiße seines Angesichts sein Brot verdienen müsse, halten sie für ein längst widerlegtes Vorurteil aus vergangenen Zeiten. Mit spielerischem Vergnügen erledigen sie ihre Arbeit. Die Herausforderungen einer selbständigen oder freiberuflichen Tätigkeit nehmen sie gern an. Fleiß, Zähigkeit sowie Freude an der Arbeit machen sie zu erfolgreichen Geschäftsleuten, die ihren verbissenen Konkurrenten um Nasenlängen voraus sind.

## *8 – IV – Herrscher*
## *Der Unternehmer*

Er denkt ökonomisch und kann vorbildlich mit Geld umgehen. Berufliche Selbständigkeit und ein Leben auf eigenes Risiko zieht er einer Angestellten- oder Beamtenlaufbahn vor. Er hat keine Lust, sich Vorgesetzten unterzuordnen. Es macht ihm Spaß, als sein eigener Herr, unabhängig von der Meinung anderer Menschen, zukunftsorientierte Entscheidungen zu treffen und die planerischen Weichen für die kommenden Wirtschaftsjahre zu stellen.
Er verfügt über eine Art »sechsten Sinn« für lohnende Ge-

schäfte. Geld zu verdienen, ist sein Hobby. Wie ein Trüffelschwein nimmt er die Witterung profitversprechender Marktlücken auf und findet nicht eher Ruhe, bis seine neue Idee verwirklicht ist. Im Berufsleben verlangt er permanente Höchstleistungen von sich selbst. Die 35-Stunden-Woche erscheint ihm wie ein schlechter Witz – er ist bereit, mindestens doppelt so lange zu arbeiten.
Als Chef macht er seinen Angestellten das Leben nicht leicht. Für ihn zählt nur Leistung. Er will nicht wissen, weshalb jemand die erwartete Leistung nicht erbracht hat, sondern er will sehen, daß die Arbeit möglichst zügig und perfekt erledigt worden ist.
Menschen dieses Schlages wird oft der Vorwurf gemacht, sie seien mit ihrem Beruf »verheiratet«. Diese Unterstellung hat insofern zumindest einen wahren Kern, als diese Menschen keine Trennungslinie zwischen »Beruf« und »Leben« ziehen. Ihr Leben ist der Beruf, und der Beruf ist ihr Leben. Durch produktive Arbeit gelangen sie zu Selbsterkenntnis und Selbstverwirklichung. Ihre Vorstellung von »Hölle« ist deckungsgleich mit der buddhistischen Vorstellung von »Himmel«, nämlich: Nirwana – zum Nichtstun verurteilt sein. Faulenzen zu müssen, wäre die schlimmste Strafe für sie.

## *8 – V – Hierophant*
## *Der Karitative*

Wenn es um das Wohlergehen anderer Menschen geht, ist er zu übermenschlichen Anstrengungen in der Lage. Er läßt sich weder entmutigen noch abweisen. Ohne auf persönliche Vorteile zu spekulieren, stellt er seine Kraft und sein Organisationstalent in den Dienst einer guten Sache. Sein Sinn ist stets auf das Pragmatische gerichtet. Statt von einer Wiederkehr des »Goldenen Zeitalters« zu träumen, stellt er Überlegungen an, auf welche Weise ganz konkrete Mißstände behoben werden können.

Seiner Meinung nach lassen sich mit den entsprechenden finanziellen Mitteln die sprichwörtlichen Berge versetzen. Deshalb besteht eines seiner vorrangigen Ziele darin, für gemeinnützige oder karitative Zwecke die notwendigen Geldmittel bereitzustellen – sei es durch Wohltätigkeitsbasare, Spendenaktionen oder Feste, deren Erlös einem gemeinnützigen Verband zufließen sollen. Organisationen wie Greenpeace oder Amnesty International üben eine große Faszinationskraft auf ihn aus.

Im Alltag erweisen sich Menschen mit dieser Kombination als hilfsbereite Pragmatiker. Sie haben ein überzeugendes Auftreten, einen realistischen Blick für das Machbare und ein »goldenes Herz«. Nie wird man erleben, daß sie die Augen vor dem Leid und Elend anderer Menschen verschließen. Wenn sie helfen können, dann tun sie es auch. Mit wahrer Engelsgeduld leisten sie Überzeugungsarbeit; wer mit ihnen gesprochen hat, kann nicht mehr behaupten, er habe »nichts gewußt« von den Problemen dieser Welt. Sie geben sich nicht damit zufrieden, resignative Klagelieder über gefährliche Fehlentwicklungen anzustimmen. Denn damit ist nichts getan. Wo andere in selbstgefälliger Sentimentalität zum Taschentuch greifen, um die Tränen ihrer Rührseligkeit zu trocknen und danach auch weiterhin konsequent passiv zu bleiben, da krempeln sie die Ärmel hoch und packen zu.

## *8 – VI – Liebende*
## *Der Passive*

Er träumt von Reichtum und Luxus, von einem Lotteriegewinn oder einem verschollenen Onkel aus Amerika, der seine Erben über Nacht zu Multimillionären macht. Insgeheim wartet er ständig auf ein Wunder. An Intelligenz ist er den meisten seiner Mitmenschen überlegen. Doch es gelingt ihm nicht, aus eigener Kraft diese Intelligenz in den Dienst ganz konkreter Zielsetzungen zu stellen.
Immer wieder gerät er an Menschen, die ihn ermuntern, doch endlich einmal aktiv zu werden und etwas auf die Beine zu stellen. Diese wohlmeinenden Appelle an seine Vitalität, diese Versuche, ihn aus seiner Lethargie herauszureißen, hat er gar nicht gern. In solchen Situationen kommt dann seine große Intelligenz zum Einsatz, und er wird tausend überzeugende Argumente aus dem Ärmel schütteln, mit denen er zu beweisen versucht, daß es zur Zeit keine fairen Chancen für ihn gäbe. Motto: »Es hat ja eh alles keinen Sinn!«
Jeden kleinen Mißerfolg wertet er als Beweis seiner eigenen Unzulänglichkeit. Er gefällt sich in der Rolle des »Versagers«. Sie zu spielen, ist das kleinere Übel für ihn. In Wirklichkeit hat er Angst vor seiner eigenen Courage. Lieber traut er sich gar nichts zu und bleibt untätig, als einmal ganz bewußt ein Risiko in Kauf zu nehmen, das ja immer zugleich auch eine Chance ist.
In Zusammenarbeit mit einem willensstarken Partner, der ihn unermüdlich antreibt und keine faulen Ausreden gelten läßt, werden plötzlich Wesenszüge sichtbar, die man bei ihm gar nicht vermutet hätte: Realismus und Zähigkeit, Fleiß, Disziplin und Ehrgeiz. Man muß ihn nur fordern,

dann zeigt er, was alles in ihm steckt – und das ist viel mehr, als ihm selbst überhaupt bewußt ist. Im Grunde kann er alles. Er muß es nur wollen. Von sich aus aber will er gar nichts. Ein anderer muß für ihn das »Wollen« übernehmen.

## *8 – VII – Wagen*
## *Der Traditionalist*

Er erkennt die gesellschaftlichen Werte als verbindlich an und ist im Grunde seines Herzens konservativ eingestellt. Sein Wahlspruch könnte folgendes Goethe-Zitat sein: »Was du ererbt von deinen Vätern, erwirb es, um es zu besitzen!«

Sein Denken bewegt sich in historischen Dimensionen. Den Traditionen fühlt er sich verpflichtet. Er mißt sich selbst und seine Aktivitäten an den Leistungen früherer Generationen. Höchsten Respekt zollt er der »Aufbau-Generation«, die nach dem Zweiten Weltkrieg inmitten von Ruinen und Trümmern durch optimistische Tatkraft die Grundlagen für das »Wirtschaftswunder« legte.

Fleiß, Ordnung, Pünktlichkeit und Zuverlässigkeit, diese Tugenden genießen seine höchste Wertschätzung. Im freien Spiel der wirtschaftlichen Kräfte erblickt er so etwas wie die Fortsetzung der Evolution mit anderen Mitteln und auf einer zivilisierteren Stufe: Die Leistungsfähigsten setzen sich durch und gehen siegreich aus dem »Kampf ums Dasein« hervor. Zu ihnen will er zählen, will die Konkurrenten aus dem Feld schlagen, will sich einen Ehrenplatz im Leben erobern und ein nützliches, geachtetes Mitglied der Gesellschaft sein.

Frauen mit dieser Kombination streben nur in Ausnahme-

fällen nach Emanzipation und Selbstverwirklichung im Berufsleben. In der Rolle der Hausfrau und Mutter sind sie am glücklichsten.
Der »Traditionalist« muß sich davor hüten, gnadenlose, undemokratische Denk- und Verhaltensweisen an den Tag zu legen. An das »Recht des Stärkeren« zu glauben, kann sich für ihn als Ursache folgenschwerer Irrtümer herausstellen, unter denen er selbst am meisten zu leiden hätte.

## *8 – VIII – Kraft*
## *Der Workoholiker*

Er ist süchtig nach Arbeit und Erfolg. Er berauscht sich an der Lösung seiner Aufgaben so, wie andere Menschen am Alkohol oder an Rauschgiften. Überstunden sind nichts Schreckliches für ihn. Er identifiziert sich mit seiner Arbeit, seinen Kollegen und dem Betrieb, in dem er arbeitet.
Ein Leben in beruflicher Selbständigkeit wäre ideal für ihn, denn dann würde er nicht ständig gewaltsam gezwungen werden, nach Arbeitsschluß nach Hause gehen und den verhaßten Feierabend erleiden zu müssen. Dann könnte er bis nach Mitternacht schuften, ehe er sich den Luxus gönnte, drei oder vier Stunden zu schlafen, um sich bei Sonnenaufgang gleich wieder ans Werk zu machen. Er zählt zu denjenigen Menschen, in deren Todesanzeige einmal der lapidare Satz stehen wird: »Arbeit war sein ganzes Leben.«
Für die meisten Menschen ist Arbeit ein notwendiges Übel zur Geldbeschaffung. Nicht so für ihn. Er würde notfalls sogar arbeiten, ohne einen Pfennig Geld dafür zu verlangen. Privatleben, Wochenenden und Urlaub sind für ihn

eine lästige Begleiterscheinung des Erwerbslebens, auf die er auch gut verzichten könnte. Gern nimmt er sich Arbeit aus dem Büro mit nach Hause, damit ihm nach dem Abendessen nicht allzu fad wird. Gut möglich, daß ihm eines Tages die Frau wegläuft und er es erst drei Wochen später, nämlich wenn keine gebügelten Hemden mehr im Schrank hängen, überhaupt bemerkt.
Menschen mit dieser Kombination sind bienenfleißig, energisch und zupackend. Daß es keine Heinzelmännchen mehr gibt, ist nicht weiter tragisch: denn wir haben ja sie! Und im Vergleich zu ihnen waren die Heinzelmännchen die reinsten Faulpelze.

## *8 – IX – Eremit*
## *Der Vorsichtige*

Wenn man ihm bei der Arbeit über die Schulter schaut, wird er nervös. In Großraumbüros fühlt er sich kreuzunglücklich. Am liebsten arbeitet er allein, ohne Kollegen, in einem Raum für sich. Fremden Menschen bringt er immer ein gewisses Mißtrauen entgegen, obwohl er persönlich vielleicht nur die besten Erfahrungen gemacht hat, aber: »Man liest ja so viel in den Zeitungen ...«
Einen wie ihn zu betrügen, ist praktisch unmöglich. In finanziellen Angelegenheiten legt er eine große Vorsicht an den Tag. Auf windige Spekulationen läßt er sich nicht ein. Bevor er eine wichtige Entscheidung trifft, holt er sich den Rat sachkundiger Fachleute ein. Die »Katze im Sack« kauft er nicht. Er ist bedächtig und verfügt sowohl über einen gesunden Menschenverstand als auch über eine ordentliche Portion »Bauernschläue«.

Bekäme er für jedes Wort, das er spricht, eine Mark bezahlt, so könnte er von der geringen Summe, die ihm dann am Monatsende ausbezahlt würde, nicht leben und nicht sterben.
Über »ungelegte Eier« redet er nicht. Seine Ideen und Pläne sind oftmals genial, aber er behält sie für sich, bis alle Einzelheiten gründlich durchdacht sind.
Man kann davon ausgehen, daß er immer einen »Trumpf im Ärmel« hat, den er jedoch nicht ausspielt. Ungünstige Zufälle können ihm keinen Strich durch die Rechnung machen, denn für alle Eventualitäten pflegt er sich bereits im Vorfeld seiner Aktivitäten optimal zu rüsten. Er schließt gern Versicherungen ab und sorgt dafür, daß er über finanzielle Reserven für den Notfall verfügt.
Durch gezielte Vorsorgemaßnahmen reduzieren Menschen mit dieser Kombination die Wahrscheinlichkeit, böse Überraschungen zu erleben, auf das absolute Minimum.

## *8 – X – Schicksalsrad*
## *Der Umsteiger*

Ein Leben in sozialer Sicherheit würde ihn nervös machen. Heute schon zu wissen, was morgen passiert oder sich als Beamter von knapp dreißig Jahren schon bis auf den Pfennig genau ausrechnen zu können, wie hoch einmal seine Pension sein wird – das könnte er nicht ertragen. Im einmal erlernten Beruf wird er mit Sicherheit nicht alt werden. Am liebsten würde er alle zwei Jahre einen neuen Job übernehmen und sich neuen Herausforderungen stellen. Streß, harte Knochenarbeit, Überstunden bis Mitternacht – alles kann er ertragen, nur Langeweile nicht. Auch im Privatbe-

reich liebt er Veränderungen. Die Chance, einen braven Mustergatten aus ihm zu machen, ist ziemlich gering.
Das Leben bedeutet für Menschen mit dieser Kombination ein großes Abenteuer. Lieber würden sie für eine gewisse Zeit am Rande des Existenzminimums oder sogar von der Sozialhilfe leben, als ein langweiliges Durchschnittsleben ohne Höhen und Tiefen zu führen.
Bewußt meiden sie den Weg des geringsten Widerstandes. Sie sind zäh und unverwüstlich. In finanzieller Hinsicht haben sie oftmals mehr Glück als Verstand. Geld fließt ihnen aus unerwarteten Quellen zu, wenn sie es am dringendsten benötigen. Chancen werden ihnen geboten, wenn sie gerade wieder an einem Tiefpunkt angelangt sind. In scheinbar ausweglosen Situationen können sie sich fest darauf verlassen, daß sich ihre Probleme früher oder später in Wohlgefallen auflösen werden.
Es gibt nur eine verläßliche Konstante in ihrem Leben: den Wechsel. Vernichtende Niederlagen und triumphale Erfolge – zwischen diesen beiden Extremen bewegt sich ihr Leben. Es scheint, als seien sie dazu bestimmt, alle dem Menschen möglichen Erfahrungen zu machen, mit Ausnahme einer einzigen: die der durchschnittlichen Mittelmäßigkeit.

## *8 – XI – Gerechtigkeit*
## *Die Mutige*

Sie verfügt über eine gute Portion Zivilcourage. Notfalls mischt sie sich auch in solche Dinge ein, die sie, wenn sie feige wäre, einfach ignorieren könnte. Doch so leicht macht sie es sich nicht. Ihr Gewissen zwingt sie dazu, für wehrlose Menschen Partei zu ergreifen. Während andere Leute kurzerhand das Fernsehgerät lauter stellen, wenn ihr betrunkener Nachbar Frau und Kinder halb zu Tode prügelt, bringt sie es nicht übers Herz, so zu tun, als ginge sie das alles gar nichts an. Sie wird aktiv und ruft, wenn es gar nicht anders geht, die Polizei.

Im Alltag bewährt sie sich als instinktsichere Diplomatin, die mit großem Erfolg zwischen zerstrittenen Parteien vermitteln und eine Versöhnung herbeiführen kann.

Sie verfügt über einen »sechsten Sinn« für das rechte Maß. Alles Extreme, Radikale, jede Form der Unmäßigkeit und Übertreibung ist ihr zuwider. Sie denkt und handelt bewußt sozial. Mit Luxusgütern zu protzen, während andere Menschen bittere Not leiden müssen, an derartigen Geschmacklosigkeiten fände sie kein Vergnügen. Sie behandelt alle Menschen gleich. Weder katzbuckelt sie vor den Mächtigen, noch tobt sie ihren Zorn an Wehrlosen aus.

Menschen mit dieser Kombination können ohne eigenes Verschulden in juristische Streitigkeiten verwickelt werden. Nicht selten werden sie Opfer übler Verleumdungen, denn sie sind »unbequeme« Zeitgenossen, die sich weder einschüchtern noch korrumpieren lassen. Feige »Jasager« wird man unter ihnen nicht finden. Sie gelten als rebellisch, denn sie leisten Widerstand, wenn ihr Gewissen es ihnen befiehlt. Und ihr »Schutzengel« bleibt nicht untätig. Auf lange Sicht wird ihr Mut immer belohnt.

## *8 – XII – Gehängter*
## *Der Selbstunterschätzer*

Er leidet unter dem bewußten oder unbewußten Aberglauben, daß alles, was er anpacke, unweigerlich zum Mißlingen verurteilt sei. Sein Selbstvertrauen ist verkümmert. Er fühlt sich anderen Menschen unterlegen und wirft sich vor, ein »Versager« zu sein. Ihm erscheint sein Leben als eine endlose Kette von Niederlagen, Rückschlägen und Enttäuschungen.

Zwar hat er, objektiv betrachtet, gar keinen Grund, Minderwertigkeitskomplexe zu entwickeln, denn an Fleiß, Intelligenz und gesundem Realismus ist er anderen Menschen vollkommen ebenbürtig. Doch während andere Menschen in der Lage sind, ihre Mißerfolge nach einer gewissen Zeit zu vergessen und auf diese Weise »psychischen Giftmüll zu entsorgen«, archiviert er mit der Sorgfalt eines Buchhalters alle negativen Erfahrungen, die er macht, in seinem Gedächtnis, um immer detailliertes Material zur Verfügung zu haben, das er gegen sich selbst ausspielen kann. Niemand ist so hundsgemein zu ihm wie er selbst!

Im Beruf fühlt er sich oft gezwungen, Dinge zu tun, die ihm nicht den mindesten Spaß machen. Am liebsten würde er gegen alles aufbegehren. Aber er traut sich nicht. Daraus resultiert eine latente Unzufriedenheit, die ihn noch zusätzlich belastet.

Im Grunde weiß er, daß er sich das Leben unnötig sauer macht, doch bisweilen empfindet er eine leise masochistische Befriedigung darüber, daß er leiden muß. Er glaubt nämlich, sich selbst bestrafen zu müssen für eine Schuld, die er nicht kennt und die es in Wirklichkeit auch gar nicht gibt.

Menschen mit dieser Kombination müssen lernen, sich nicht mit ewigen Selbstzweifeln zu quälen. Wenn es ihnen gelingt, nur halb so freundlich zu sich selbst zu sein, wie sie es zu anderen sind, wäre schon viel getan.

## *8 – XIII – Tod*
## *Der Zähe*

Stärker als andere Menschen untersteht der »Zähe« dem unbestechlichen Prinzip von Ursache und Wirkung. Mit geradezu mathematischer Präzision leitet sich ein Ereignis logisch und folgerichtig aus dem anderen ab. Die »Schatten der Vergangenheit« lassen ihn nicht los, mag er auch noch so sehnlich wünschen, ein völlig anderer Mensch zu werden – er bleibt doch immer der, der er ist.
Diese Gesetzmäßigkeit, unter der sein Leben steht, hat jedoch überwiegend positive Seiten. Denn Fleiß und Zähigkeit führen ihn, da er unter dem Ursache-Wirkung-Prinzip steht, unweigerlich zum Erfolg. Zwar kann er sich nicht auf unerwartete Glücksfälle verlassen, die ihm im rechten Moment zu Hilfe kommen, aber dafür ist es auch so gut wie ausgeschlossen, daß ungünstige Zufälle ihm einen Strich durch die Rechnung machen. Sein Leben ist berechenbar und kann langfristig geplant werden. Die Saat seiner konsequenten Beharrlichkeit geht auf und trägt reiche Früchte. Es fällt ihm nicht schwer, Zuversicht, gesundes Selbstvertrauen und zweckorientierte Beständigkeit zu einer gebündelten Kraft zu vereinigen, die ihm auf lange Sicht gar keine andere Wahl läßt, als sein angestrebtes Ziel auch zu erreichen.
Der »Zähe« wird in seinem Leben immer wieder gezwun-

gen sein, im Interesse eines übergeordneten Zieles liebgewordene Gewohnheiten aufzugeben oder Verzicht zu üben. Bereitwillig nimmt er vorübergehende Einschränkungen oder Unbequemlichkeiten in Kauf, denn er weiß: Auf lange Sicht gesehen, wird es sich auszahlen, sich selbst überwunden zu haben.
Menschen mit dieser Kombination können auch lange »Durststrecken« überstehen. Sie gelten als robust, widerstandsfähig, praktisch und können wirtschaftlich denken.

## *8 – XIV – Alchemie*
## *Der Stratege*

Gern vergleicht er das Leben mit einem großen Schachspiel. Geduld, Besonnenheit und kluges Taktieren sind für ihn die unabdingbaren Voraussetzungen des Erfolges. Spontaneität findet er höchstens ineffizient und naiv obendrein. Nur widerwillig würde er Dinge tun, die er zuvor nicht sorgfältig durchdacht hat. »Erst denken, dann handeln!«, so lautet seine Devise.
Er weiß genau, daß die meisten Mißerfolge auf mangelhafte Planung zurückzuführen sind. Deshalb möchte er nichts dem Zufall überlassen. Der »Stratege« wird oftmals irrtümlicherweise für ein Glückskind gehalten, weil er so erstaunlich wenig Rückschläge einzustecken hat. Es scheint ihm alles in den Schoß zu fallen. Was er anpackt, wird zu Geld. Doch dabei wird leichtfertig übersehen, daß Glück derjenige Faktor ist, auf den er ja gerade nicht baut. Was, von außen betrachtet, wie »Glück« aussieht, ist in Wirklichkeit das Ergebnis zäher Überlegungen, sorgfältigen Abwägens aller »Pros und Contras« und besonnener Entscheidungen.

Seine unbestechliche Sachlichkeit übt bisweilen eine einschüchternde Wirkung auf andere Menschen aus. Der »Stratege« »funktioniert« mit der Präzision eines Uhrwerks oder eines Computers. Das ist vielen Leuten nicht ganz geheuer. Sie unterstellen ihm einen Mangel an Herzenswärme, indem sie den Fehler begehen, Logik kurzerhand mit Gefühlskälte gleichzusetzen. Doch diese simple Gleichung geht nicht auf. Es stimmt zwar: wer auf seine »Tränendrüse« drücken und an seine Gefühle appellieren möchte, um sich dadurch persönliche Vorteile zu verschaffen, der wird keinen Erfolg haben. Der »Stratege« läßt sich nicht als Mittel zum Zweck mißbrauchen. Doch das spricht ganz und gar nicht gegen ihn.

## *8 – XV – Teufel*
## *Der Machtmensch*

Wie Onkel Dagobert ein Bad in einer Wanne voller Goldtaler zu nehmen – das könnte ihm auch gefallen. Der Mann zu sein, ohne den nichts geht, dem alles gehorcht und der die Entscheidungsgewalt hat – das etwa stellt er sich unter dem Wort »Glück« vor. Er möchte nicht die Rolle eines unbedeutenden »Rädchens im Getriebe« übernehmen, sondern befehlen, Anordnungen treffen, bewundert und gefürchtet sein. Magnetisch zieht es ihn zu den Schalthebeln der Macht, sei es, indem er nach politischen Ämtern oder beruflichem Aufstieg strebt, sei es, indem er die Freundschaft einflußreicher Menschen sucht. Er ist bereit, große Opfer zugunsten seiner Karriere zu bringen.
Mißerfolge stehen ihm immer dann ins Haus, wenn es ihm nicht primär um die Sache oder den Menschen, sondern

vorrangig um seinen eigenen Vorteil geht. Denn Egoismus macht unglaubwürdig. Der »Machtmensch« muß begreifen, daß Macht kein Selbstzweck, sondern eine Art Leihgabe ist, die nur demjenigen verliehen wird, der bereit ist, stellvertretend für andere Menschen ein gemeinsames Interesse zu vertreten. Hat er diese Lektion gelernt, so geht plötzlich eine radikale Veränderung in ihm vor: erstaunt stellt er fest, um wie vieles leichter sich Ziele erreichen lassen, wenn man nicht manisch auf sie fixiert ist, sondern die Dinge mit zuversichtlicher Gelassenheit ihren Gang gehen läßt.
Manche Menschen mit dieser Kombination haben ein aufbrausendes Temperament und neigen zum Jähzorn. Sie sind jedoch nicht nachtragend, zeigen sich versöhnungsbereit und sehen nach ihrem Wutausbruch die Dinge wieder mit Humor.

## *8 – XVI – Turm*
## *Der Graf von Monte Christo*

Wer ihn zum Gegner hat, ihn wirklich verärgert, wer seinen heiligen Zorn auf sich zieht, der ist verraten und verkauft. Der »Graf von Monte Christo« ist nicht auf primitive Weise rachsüchtig. Doch wenn ihm jemand wissentlich und absichtlich etwas Böses angetan hat, dann wird der Übeltäter früher oder später allen Grund haben, seine Gemeinheiten bitter zu bereuen.
Während andere Menschen durch latente Konfliktsituationen psychisch geschwächt werden und schwer unter Zerwürfnissen oder Mißhelligkeiten leiden, läuft er in solchen Grenzsituationen zur Höchstform auf. Dann krempelt er die Ärmel hoch, spuckt in die Hände und faßt den

unerschütterlichen Vorsatz, der ganzen Welt zu beweisen, was in ihm steckt. Wie der Graf von Monte Christo, legt er dann eiserne Selbstdisziplin und eine geradezu unheimliche Zielstrebigkeit an den Tag. Er will seine Gegner nicht vernichten, aber es liegt ihm viel daran, sie am eigenen Leibe spüren zu lassen, wie das ist: gekränkt, gedemütigt, hintergangen und verletzt zu werden!

Menschen dieses Typs sind fleißig, beharrlich, kämpferisch und konsequent. Sie können sich als die treuesten Freunde, aber auch als die erbittertsten Gegner erweisen. Wer ihnen schadet, schadet dadurch auf lange Sicht, ohne es vielleicht zu wissen, sich selbst am meisten. Im übertragenen Sinne bringen sie genau dasselbe Kunststück fertig, wie der Graf von Münchhausen, der, als er mitsamt Pferd in einen tiefen Sumpf geriet und im Morast unterzugehen drohte, sich am eigenen Schopf wieder aus dem Schlamm herauszog. Menschen mit dieser Kombination gehen nicht unter. Sie finden immer einen Ausweg.

## *8 – XVII – Stern*
## *Die Nase*

Sie hat einen hochfeinen »Riecher« für Trends und Marktlücken. Ihre Fähigkeit, Pläne zu verwirklichen, ist überdurchschnittlich stark entwickelt. Während andere Menschen nur davon träumen, irgendeine brillante Idee in die Tat umzusetzen, packt sie entschlossen zu. Sie macht »Nägel mit Köpfen«.

Berufliche und geschäftliche Erfolge verdankt sie ihrem untrüglichen Instinkt. Oft erinnert sie an einen Habicht, der hoch in den Lüften bewegungslos zu stehen scheint,

bis er urplötzlich pfeilschnell zu Boden stößt, um Beute zu machen. Die »Nase« weiß genau, wann es klüger ist, abzuwarten, und wann der richtige Augenblick gekommen ist, um aktiv zu werden. Auf ihre Intuition kann sie sich verlassen.
Diese Kombination bringt erfolgreiche Unternehmer und Börsenspekulanten hervor. Wenn irgend etwas »in der Luft liegt«, wenn Veränderungen sich unmerklich anbahnen, trifft sie bereits die entsprechenden Dispositionen. Während andere sich noch in trügerischer Sicherheit wähnen und als vermeintliche Herren der Lage die Augen vor den Zeichen der Zeit verschließen, erspart sie sich spätere böse Überraschungen, indem sie, oft als einzige, rechtzeitig die geeigneten Gegenmaßnahmen ergreift.
Wenn ein Mensch mit dieser Kombination sonderbare Dinge tut, für die es keinen plausiblen Grund gibt und die scheinbar vollkommen sinnlos sind, kann man davon ausgehen, daß er ganz genau weiß, was er tut. Wer pfiffig ist, der versucht, die auf den ersten Blick unsinnigen Aktionen der »Nase« zu analysieren, um, ihrem Beispiel folgend, ebenfalls rechtzeitig aktiv zu werden. Noahs Nachbarn wären nicht ertrunken, wenn sie sich ebenfalls eine Arche gebaut hätten …

## *8 – XVIII – Mond*
## *Der Unglücksrabe*

Was ihm in seinem Leben widerfährt, kann man in vielen Fällen als tragisch bezeichnen. Unerwartete Rückschläge treffen meist ausgerechnet ihn. An allen geht der Kelch vorüber, an ihm nicht. Andere riskieren Kopf und Kragen und – gewinnen. Sobald er sich jedoch auf riskante Unternehmungen einläßt, geht irgend etwas schief. Obwohl jeder seines Glückes Schmied ist, kann der »Unglücksrabe« wirklich nichts dafür, daß ausgerechnet er es immer ist, der den kürzeren zieht. Es trifft ihn an seinen Fehlschlägen nur in den seltensten Fällen persönliche Schuld.

Menschen mit dieser Kombination träumen von einer selbständigen beruflichen Existenz, von einem eigenen Geschäft, und möchten Herr sein über ein Heer bienenfleißiger Angestellter, die unermüdlich den Reichtum des großen Bosses mehren. Woran es ihnen jedoch zumeist mangelt, das sind solide wirtschaftliche Kenntnisse.

Sie scheuen das Risiko nicht, erweisen sich als mutig und einsatzfreudig, aber immer wieder geschieht es, daß sie alles auf eine Karte setzen. Dann hängt ihr Wohl und Wehe an einem seidenen Faden, der irgendwann reißt. Sie sprühen vor innovativen Ideen und haben geniale Züge; doch der Bezug zur harten Realität geht ihnen meist ab. Deshalb sollten sie sich bemühen, einen Partner zu finden, der den Taschenrechner zur höchsten Entscheidungsinstanz erhebt und im richtigen Moment sein Veto einlegt. In Kombination mit solch einem Partner kann der »Unglücksrabe« sich zu einem erfolgreichen Geschäftsmann mausern. Nie allerdings sollte er dann vergessen, wem er seine Erfolge verdankt!

### *8 – XIX – Sonne*
### *Der Finanzhai*

Wie ein Hai, der auf viele Meilen Distanz das Blut seiner Beute wittern kann, so hat auch er einen untrüglichen Instinkt für das »Blut«, das in den »Adern« des Wirtschafts-Kreislaufs fließt: Geld. Seine finanziellen Dispositionen

sind intelligent, seine Investitionen durchdacht, seine Fähigkeit, das Geld zur Selbst-Vermehrung zu bewegen, ist bemerkenswert. Er weiß, wie man sein Geld am effizientesten für sich arbeiten läßt. Alles, was mit Wirtschaft, Unternehmen und Finanzen zu tun hat, weckt seinen kreativen Instinkt. Für ihn gibt es im Leben eigentlich nur eine einzige wichtige Frage. Sie lautet: »Wie werde ich reich?«
Er weiß, daß Geld immer zu Geld kommt. Daher gilt seine erste Überlegung der Beschaffung eines ausreichend großen Startkapitals. Als Kind mag er im Rechnen der größte Versager gewesen sein, im Umgang mit Menschen mag er sich als instinktlos erweisen, er mag die schlechtesten Manieren haben und nur mit Mühe seinen Namen unter die Schecks kritzeln können – wenn es aber um Geld geht, findet sich so rasch niemand, der ihm das Wasser reichen könnte.
Menschen mit dieser Kombination müssen in ihrem Leben irgendwann einmal Millionäre werden. Sie können gar nicht anders. Es liegt ihnen im Blut.
Sie als herz- und geistlose Materialisten zu denunzieren, wäre ebenso dumm wie unzutreffend, denn viele von ihnen legen, sobald sie reich sind, karitative Ambitionen an den Tag, oder sie fördern als großzügige Mäzene die kulturelle Entwicklung. Reichtum ist für sie kein banaler Selbstzweck. Sie betrachten Geld als »geronnene Energie«, die man nach Belieben dort aktivieren kann, wo sie benötigt wird. Diese Energie fließen zu lassen, bereitet ihnen Vergnügen.

## *8 – XX – Aeon*
## *Der Unverwüstliche*

Der »Ernst des Lebens« scheint für ihn nicht zu existieren. So, wie er als Kind beim Murmelspiel gewonnen hat, genauso kindlich-unbefangen verhält er sich auch als Erwachsener.

Geld ist für ihn kein böser Dämon, der den Charakter verdirbt, sondern ein guter Freund, der ihm Genuß und Vergnügen schenkt.

Er ist intelligent, flexibel, experimentierfreudig. Und wenn er zehnmal auf die Nase fällt – er steht wieder auf, klopft sich den Staub von der Kleidung und blinzelt zur Sonne. Das Leben ist für ihn so etwas wie eine gigantische Sahnetorte, und er möchte möglichst viel davon naschen. Mit einem kleinen Stück vom großen Kuchen läßt er sich nicht abspeisen.

Phasenweise kann er bienenfleißig sein und eine geradezu beängstigende Arbeitswut an den Tag legen. Wie ein Besessener schuftet er von früh bis spät. Doch seine Motivation ist nicht etwa Selbstdisziplin, wie irrtümlich vermutet werden könnte, sondern der pure Spaß am Vergnügen.

Menschen mit dieser Kombination verspüren in ihrem Leben in regelmäßigen Abständen die unbändige Lust, noch einmal ganz von vorn anzufangen, die ausgefahrenen Geleise zu verlassen und zu neuen Ufern aufzubrechen. Ihr Leben ist einem eigendynamischen Gezeitenwechsel unterworfen; die »sieben fetten Jahre«, Zeiten des Überflusses, wechseln sich ab mit den »sieben mageren Jahren«, in denen Schmalhans Küchenmeister ist. Die Fähigkeit, einen Schlußstrich unter die Ereignisse der Vergangenheit zu ziehen, dem Gestern keine Träne nachzuweinen und konsequent für ein besseres Morgen zu arbeiten, macht sie zu pragmatischen Optimisten, die entschlossen zupacken und sich grundsätzlich nicht entmutigen lassen.

### *8 – XXI – Universum*
### *Der Rolltreppenläufer*

Wer ihn kennt, könnte sich an folgendes Bild erinnert fühlen: Ein Mann, der im Kaufhaus (wie ein »Geisterfahrer« auf der Autobahn) auf die falsche Rolltreppe geraten ist; die Rolltreppe fährt hinab, er aber müht sich verzweifelt aufwärts und wundert sich darüber, daß ihm so viele Menschen entgegenkommen. Nach einer Viertelstunde kommt er schweißgebadet im oberen Stockwerk an. Er hätte es wirklich leichter haben können, aber da er sich nun einmal für diese Treppe entschieden hatte, mußte er sie auch zu Ende gehen. Das war er sich schuldig.
Er schwimmt konsequent gegen den Strom. Seine Devise lautet: »Warum einfach, wenn es auch kompliziert geht?«
Menschen mit dieser Kombination können eine unmenschliche Zähigkeit an den Tag legen. Ihre heimliche Tragik besteht darin, daß sie im Grunde lauter kleine Don Quijotes sind, die allen Windmühlen dieser Welt den blutigen Kampf angesagt haben. Ihr größtes Talent besteht darin, sich künstliche Hindernisse in den Weg zu legen. Eine Sache, die mühelos zu bewerkstelligen wäre, würde ihnen nicht recht geheuer sein. Instinktiv verspüren sie den Drang, sich an Widerständen aufzureiben.
Selbst wenn sie doppelt so hart arbeiten wie andere Menschen, können sie von Glück sagen, wenn es ihnen gelingt,

mit Müh und Not gerade eben so viel zuwege zu bringen wie ein lustloser Faulpelz.
Sie haben einen ungemein starken Charakter und feste Prinzipien. Wenn sie nicht wie ein Ochse schuften dürfen, sind sie nicht zufrieden. Arbeiten, die andere Leute unerledigt liegengelassen haben, bringen sie ordentlich zu Ende. Als Mitarbeiter sind sie ein Juwel; als Chefs eine Plage.

# Kapitel 9

## *9 – 0 – Narr*
## *Der Menschenfreund*

Seine Hilfsbereitschaft selbst wildfremden Menschen gegenüber ist verblüffend, wenn nicht gar beschämend. Er ist bereit, seine eigenen Pläne und Interessen hintan zu stellen, wenn er merkt, daß andere Menschen ihn brauchen.
Nicht grundsätzliche theoretische oder philosophische Prinzipien sind die Ursache seiner tätigen Nächstenliebe; was er an Gutem tut, kommt ohne Umwege über den Kopf direkt aus dem Herzen. Er springt kurzentschlossen ins Wasser, wenn er einen Ertrinkenden sieht. Daß er selbst Nichtschwimmer ist, vergißt er dabei. Während die gaffende Menge ebenso sensationslüstern wie tatenlos in sicherer Entfernung verharrt, läuft er in ein brennendes Haus, das unter den lodernden Flammen einzustürzen droht, wenn jemand noch um Hilfe schreit.
Ruhm und Auszeichnungen interessieren ihn nicht. Die Überzeugung, daß alle Menschen gewissermaßen Körperzellen eines großen universalen Organismus sind, ist so tief in ihm verwurzelt, daß er sich spontan mit anderen Menschen identifiziert. Er sieht nicht das Trennende, nicht die unterschiedlichen Religionen, Sprachen, Hautfarben oder politischen Überzeugungen. Die bloße Tatsache, daß jemand ein Mensch ist, genügt ihm, um aufrichtige Gefühle der Freundschaft und Sympathie zu empfinden.
Wenn man ihm für seine Freundlichkeit dankt, zeigt er

sich verblüfft. Er begreift gar nicht, daß er etwas Besonderes getan hat – für ihn ist es ganz selbstverständlich, daß ein Mensch für den anderen einzustehen hat.

## *9 – I – Magier*
## *Der Gnostiker*

Er ist intelligent, kreativ und religiös veranlagt. Instinktiv befindet er sich sein Leben lang auf der Suche nach Gott. Er sucht ihn in alten Büchern, in Überlieferungen, in der Natur und nicht zuletzt auch in sich selbst. Auf diese Weise gelangt er zu Wissen, über das er weder reden würde noch könnte, da es jenseits des sprachlich Faßbaren liegt. Im Alltag zeigt er sich anderen Menschen gegenüber verständnisvoll und warmherzig. Er verfügt über psychologische Intuition, die es ihm ermöglicht, auch ohne viele Worte die Stimmungen, Gedanken und Sorgen anderer Menschen zu begreifen.
Manche Menschen mit dieser Kombination können sich zu radikalen Atheisten entwickeln, was nur so lange verwunderlich erscheint, bis man sich vor Augen hält, daß ein Atheist sich viel intensiver mit dem Gottesbegriff auseinandersetzt als ein »lauwarmer« Gläubiger. Falls der »Gnostiker« Atheist wird, dann mit dem bewußten oder unbewußten Hintergedanken, daß er Gott auf diese Weise »zwingen« möchte, ihn eines Besseren zu belehren.
Die Tatsache, daß es auf der Welt das Böse gibt, Folter, Grausamkeit und Gleichgültigkeit gegen fremdes Leid, kann ihn mit tiefer Verbitterung erfüllen. »Warum läßt Gott das zu?«, so oder so ähnlich lautet dann die Frage, die ihn am meisten bewegt. Aus Ratlosigkeit und Enttäu-

schung wird er dann zum ätzenden Zyniker, der über das spottet, was ihm im Grunde heilig ist, nur um sich selbst zu quälen und Gott herauszufordern. Aus diesem Zynismus kann paradoxerweise ein trotziger, streng rational geprägter Humanismus, wie er aus dem Zeitalter der Aufklärung bekannt ist, werden, beinahe so, als wollte der verbitterte Gnostiker sagen: »Siehst du wohl, Gott, wir brauchen dich gar nicht, wir können einander auch selbst helfen. Wir machen unsere Wunder selbst!«

## *9 – II – Hohepriesterin*
## *Die Idealistin*

Und wenn sie hundertmal enttäuscht, belogen, betrogen, hintergangen und ausgenutzt worden ist – auch beim hundertsten Mal gelingt es ihr wieder, unvermindert an das Gute im Menschen zu glauben und jedem neuen Menschen eine neue Chance zu geben. Man könnte sie für naiv halten, man könnte ihr Unbelehrbarkeit vorwerfen, aber damit täte man ihr bitter unrecht. Denn sie lernt sehr wohl aus ihren Erfahrungen, aber gerade weil sie das auf eine intelligente Weise tut, hütet sie sich davor, alle Menschen in Bausch und Bogen zu verurteilen und den Stab auch über Fremde zu brechen.
Pauschale Vorurteile wird man von ihr nicht zu hören bekommen. Nie würde sie behaupten, alle Männer seien Verbrecher, alle Frauen Lügnerinnen und die gesamte Menschheit ein undankbares Natterngezücht. Sie weiß, daß es nur die Angst und das tiefverwurzelte Mißtrauen sind, die böse, aggressiv und egoistisch machen. Deshalb tun ihr gerade die Menschen leid, die anderen Böses antun.

Sie fragt sich dann: »Wie muß es nur in einem Menschen aussehen, der so etwas tut?«
Sie ist sich der Tatsache vollkommen bewußt, daß sie von parasitären Menschen schamlos ausgenutzt werden kann. Doch das stört sie nicht. Lieber möchte sie zehnmal enttäuscht werden, als auch nur ein einziges Mal selbst einen anderen Menschen zu enttäuschen. Konsequent setzt sie auf die langfristige Wirkung dessen, was sie tut. Ihre Meinung lautet ungefähr so: »Wir haben Jahrtausende gebraucht, um rücksichtslose Egoisten zu werden, und können uns nicht von heute auf morgen in Engel zurückverwandeln.«

## *9 – III – Herrscherin*
## *Die Selbstlose*

Sie verfügt über einen ausgeprägten Beschützer-Instinkt. Für andere Menschen zu sorgen, macht ihr Spaß. Gewönne sie eine Million Mark im Lotto, würde sie keinen Pfennig für sich selbst verbrauchen, sondern fieberhaft überlegen, wem sie mit diesem Vermögen alles helfen könnte. Wer verzweifelt oder in Not ist, der findet bei ihr Trost und Zuflucht. Eigennutz und Egoismus sind ihr wesensfremd. Um glücklich zu sein, braucht sie kein Geld, sondern das Gefühl, für andere Menschen wichtig zu sein.
Für sie ist Geben buchstäblich seliger denn Nehmen. Ihre Pläne und Gedanken richten sich immer auf das Wohl anderer. Glück bedeutet für sie: andere Menschen glücklich zu machen. Sie ist gütig, großzügig, liebevoll, und wenn egoistischere Menschen ihr einzureden versuchen, sie solle doch endlich auch einmal an sich selbst denken, dann hat

sie für diese Menschen nur ein mitleidiges Kopfschütteln übrig, denn diese Menschen werden nie begreifen, wie glücklich sie ist. »Das letzte Hemd hat keine Taschen«, pflegt sie zu sagen. Ein großes Guthaben auf dem Sparbuch übt auf sie keine Faszination aus. Innerer Reichtum ist, was für sie zählt. Und reich ist nur, wer geben kann, unabhängig davon, wie wohlhabend oder arm er ist.
Menschen mit dieser Kombination sind versöhnlich und nachsichtig. Nie würden sie um persönlicher Vorteile willen »über Leichen gehen«. Sie sind verantwortungsbewußt und zeigen die Bereitschaft, einen aktiven Beitrag zur Lösung von Problemen anderer Menschen zu leisten. Das emotionale Element dominiert bei ihnen. Sie können sich leidenschaftlich begeistern und anderen Menschen viel Liebe und menschliche Wärme geben.

## *9 – IV – Herrscher*
## *Der Vater*

Er ist eine willensstarke, durchsetzungsfähige Persönlichkeit, manchmal etwas autoritär, aber voller Verantwortungsgefühl für diejenigen Menschen, deren Wohl von ihm abhängt. Manchmal schimpft und poltert er, daß man meinen könnte, nun habe einem das letzte Stündlein geschlagen. Aber auf seine ganz eigenwillige Art meint er es immer gut mit seinen Schützlingen.
Gerade weil er es gut mit anderen Menschen meint, gibt er sich oftmals härter und strenger, als er es in Wirklichkeit ist. Sein Verantwortungsbewußtsein zwingt ihn, dafür zu sorgen, daß andere Menschen nicht immer nur den Weg des geringsten Widerstandes gehen. Er könnte es sich weiß

Gott leichter machen und sich bei anderen durch übertriebene Nachgiebigkeit einschmeicheln. Aber so etwas liegt ihm nicht. Er nimmt es getrost in Kauf, abgelehnt zu werden und als unbequem zu gelten. Sein Ziel besteht nicht darin, daß die Menschen, für die er sich verantwortlich fühlt, ihn heiß und innig lieben, sondern daß sie sich zu kompetenten, eigenverantwortlichen, selbständigen Individuen entwickeln. Daß im Verlauf dieser Entwicklung auch harte Worte gesprochen werden und einige Tränen fließen müssen, weiß er genau. Seine Liebe zeigt sich gerade in seiner Strenge. Er denkt über den Tag hinaus und weiß, daß andere Menschen ihm später einmal dankbar sein werden, auch wenn sie jetzt noch stöhnen und ihn dorthin wünschen, wo der Pfeffer wächst.
Er gleicht einem fernöstlichen Meister, der seinen Schülern immer wieder Hindernisse in den Weg stellt, sie plagt und Höchstleistungen von ihnen verlangt, um ihnen zum Bewußtsein ihrer inneren Kraft zu verhelfen.

## *9 – V – Hierophant*
## *Der gute Freund*

Wer ihn kennenlernt, lernt über kurz oder lang auch sich selbst besser kennen. Gespräche mit ihm wirken bewußtseinserweiternd. Wie borniert man doch im Grunde immer noch ist, wird einem erst richtig bewußt, wenn man mit ihm redet. Nichts Menschliches ist ihm fremd. Er verurteilt, verachtet oder verteufelt niemanden. Er gibt seinen Gesprächspartnern das gute Gefühl, nicht viele Worte machen zu müssen, um von ihm verstanden zu werden.
Oft hat es den Anschein, als stünde er weit über den Din-

gen, als betrachte er die Probleme von einer höheren Warte aus. Seine Bemerkungen haben nicht selten den bitteren Beigeschmack der Ironie. Es geht ihm nicht darum, anderen Menschen triefendes Mitleid zu spenden und dadurch auf subtile Weise ihr Elend zu verdoppeln. Wichtig ist ihm, daß andere Menschen zu einer neuen, erweiterten Sicht der Dinge gelangen und dadurch in die Lage versetzt werden, ihre persönlichen Sorgen zu relativieren.

Die Hoffnung, durch ihn werde man in seinem Selbstmitleid bestätigt und unterstützt, kann nur enttäuscht werden. Kleine Lebenslügen hilft er nicht zu untermauern. Menschen, die sich etwas vormachen und in einer Welt aus selbstgemachten Irrtümern und Illusionen leben, empfinden ihn als brutal. Denn die Art und Weise, wie er durch bohrende Fragen und scharfsinnige Analysen zum Kern der Probleme vordringt, hat nicht zum Ziel, den anderen zu schonen, sondern ihn mit der Wahrheit zu konfrontieren. Er möchte zu handfester Selbsterkenntnis verhelfen. Denn: »Wahrheit macht frei.«

Er ist ein unbequemer Freund. Doch wahre Freunde erkennt man daran, daß sie einem nicht nach dem Munde reden, sondern den Mut haben, auch unliebsame Wahrheiten offen auszusprechen.

## *9 – VI – Liebende*
## *Der Arglose*

Menschen mit dieser Kombination haben sich das – im positiven Sinne – kindliche Gespür für den Unterschied zwischen Gut und Böse erhalten. Wenn unter dem Deckmantel der »Sachzwänge« Rücksichtslosigkeit, Gleichgültigkeit und Egoismus verborgen werden sollen, durchschauen sie den Schwindel sofort. Weshalb beispielsweise immer wieder hartnäckig behauptet wird, sichere Arbeitsplätze und Umweltschutz schlössen einander wechselseitig aus, leuchtet ihnen durchaus nicht ein. Von künstlichen Alternativen und pseudointellektuellen Scheinargumenten lassen sie sich nicht einlullen.

Ihre Offenherzigkeit und ihre Freude an der Kommunikation können sie manchmal in Bedrängnis bringen; denn was ihnen unter dem Siegel der Verschwiegenheit anvertraut wurde, das sagen sie in bester Absicht (und natürlich wieder unter dem Siegel der Verschwiegenheit) anderen Leuten weiter. So verwandeln sie ein Geheimnis in ein offenes Geheimnis, das die Spatzen von den Dächern pfeifen. Es ist nicht böswillige Indiskretion oder Schwatzhaftigkeit, die sie zu ziemlich ungeeigneten »Geheimnisträgern« machen. Es ist die pure Arglosigkeit. Sie meinen es nämlich immer und grundsätzlich gut, obwohl böse Zungen ja behaupten, »gut gemeint« sei das genaue Gegenteil von »gut«.

Den »Arglosen« gelingt es trotz ihrer ehrenwertesten Absichten nicht immer, das angepeilte Ziel auch zu erreichen. Die Ursache ihrer Mißerfolge ist immer direkt oder indirekt darauf zurückzuführen, daß sie kurzerhand von sich auf andere schließen und davon ausgehen, alle Menschen seien edel, selbstlos und gutmütig. Etwas mehr gesunde Skepsis würde ihnen das Leben erheblich leichter machen.

## *9 – VII – Wagen*
## *Robin Kohlhaas*

Er ist eine Mischung aus Robin Hood und Michael Kohlhaas. Er denkt, fühlt und handelt ritterlich. Jederzeit ist er bereit, für schwächere Menschen um Recht und Menschenwürde zu kämpfen. Seine Fähigkeit, sich mit den Belangen anderer zu identifizieren, ist überdurchschnittlich stark ausgeprägt. Für viele Menschen erweist er sich als rettender Fels in der Brandung, als letzte Hoffnung. Er gibt Orientierungshilfen und vermittelt das beruhigende Gefühl, daß die Sache bei ihm in den besten Händen ist.

Die meiste Zeit seines Lebens verbringt er damit, Stellvertreter-Kämpfe für andere Menschen auszufechten. Er hilft bei Auseinandersetzungen mit Bürokraten, Vermietern und anderen böswilligen Zeitgenossen, berät beim Ausfüllen von Formularen und stellt sein Wissen in den Dienst Bedürftiger. Im Grunde ist er der geborene Rechtsanwalt, auch wenn er kein einziges Semester Jura studiert hat und das BGB nur vom Hörensagen kennt.

Sozialer Instinkt und Gerechtigkeitssinn sind seine dominierenden Charakteristika. Wenn er Unrecht wittert, kann er sich als höchst unbequem erweisen. Weder kuscht er vor Autoritäten, noch läßt er sich durch Titel oder Ämter einschüchtern. Wenn er glaubt, im Dienst einer gerechten Sache zu stehen, kann niemand ihn bremsen.

Bewußt oder unbewußt ist er tief im Religiösen verwurzelt; der theoretische Aspekt der Religion ist ihm dabei jedoch relativ gleichgültig. Glauben bedeutet für ihn: handeln. Sein »Gottesdienst« besteht nicht im Aufsagen auswendig gelernter Gebetsverslein oder im Absingen frommer Lieder, sondern in aktiver Hilfeleistung. Er tröstet nicht – er hilft.

## *9 – VIII – Kraft*
## *Die Engagierte*

Ihre vitale, fröhliche Selbstbejahung überträgt sich auf andere Menschen, die in ihre Nähe kommen. Sie mag sich selbst, und deshalb sind ihr auch andere Menschen sympathisch. Und weil das so ist, ist wiederum sie ihren Mitmenschen sympathisch. Sie lebt gern, und deshalb will sie auch, daß alle anderen Menschen ihr Leben möglichst glücklich und unbeschwert genießen können. Es ist nichts Verkniffenes, Verbissenes oder Sauertöpfisches an ihr.

Sie ist willensstark, energisch und aktiv. Das »elfte Gebot«: »Du sollst Deinen Nächsten lieben wie Dich selbst« hat sie begriffen. Wer sich selbst haßt, der kann auch andere nicht wirklich lieben. Kein heimlicher Selbsthaß zernagt ihre Seele, und deshalb kann sie ihren Mitmenschen auch mit aufrichtiger Freundschaft entgegentreten.

Sie ist auf höchst intelligente Art kreativ, insbesondere dann, wenn es gilt, einem Hilflosen beizustehen. Sie kann »um drei Ecken denken«, wenn sie ein Ziel erreichen will. Liegt ihr etwas wirklich am Herzen, dann kennt sie weder Angst noch Vorsicht, dann läßt sie sich durch nichts und niemanden einschüchtern. »Was soll's«, sagt sie dann, »das Leben ist kurz, und unterm Strich zählt nur, was man getan hat!« Die Schuld einer Unterlassungssünde möchte sie nicht auf sich laden.

Es käme ihr nicht in den Sinn, bewußt die Not anderer Menschen zu ignorieren. Ihr soziales Engagement und ihre leidenschaftliche Wut auf alles, was andere Menschen traurig und krank macht oder ihnen die Freude am Leben vergällt, sind so stark, daß sie alle Hindernisse überwinden. Angst vor der eigenen Courage überkommt sie nur selten. Sie ist viel zu impulsiv, um ein Feigling zu sein.

## *9 – IX – Eremit*
## *Der Fels*

Er weiß genau, wann der richtige Zeitpunkt gekommen ist, um zu gehen oder zu schweigen. Taktgefühl, Sensibilität und Diskretion bewahren ihn davor, seinen Mitmenschen lästig zu sein. Er verspürt nicht den fragwürdigen Ehrgeiz, anderen Menschen seinen Willen oder seine Meinung aufzudrängen. Ebensowenig zählt er zu den pathologischen Egomanen und Selbstdarstellern, die andere Menschen für bloße Statisten halten, deren Aufgabe vornehmlich darin besteht, eine Kulisse für ihre großen Auftritte abzugeben und im rechten Augenblick zu applaudieren.

Die Marktschreier und Schwätzer können den »Fels« zwar aus dem Bereich der allgemeinen Aufmerksamkeit verdrängen, denn seine fein nuancierten Töne gehen im erhöhten Lärmpegel unter. Doch über kurz oder lang stellt sich heraus, daß sein menschlicher Wert weit höher ist als derjenige der »Stars«, die sich unter wirkungsvollem Einsatz ihrer Ellenbogen ins Rampenlicht gedrängelt haben.

In seinem Leben gibt es immer wieder Phasen der Einsamkeit, in denen es so scheint, als hätten alle ihn vergessen oder das Interesse an ihm verloren. Doch er leidet nicht unter dem Alleinsein. Er weiß, daß man sich irgendwann wieder auf ihn besinnen wird. Seine Vertrauenswürdigkeit und Verschwiegenheit werden letztlich immer gebührend gewürdigt.

Auf ihn ist Verlaß. Wenn die Saison der flatterhaften Schmetterlinge zu Ende geht, sind die Tugenden der Ameise wieder gefragt. Zwar vermag der »Fels« nicht, eine große Fan-Gemeinde um sich herum zu versammeln, doch die Zahl derer, die seinen wahren Wert erkennen, wächst langsam, aber sicher – die Zeit arbeitet für ihn.

## *9 – X – Schicksalsrad*
## *Der Wunder-Täter*

Staunend stellt er fest, daß Menschen, Konstellationen und Ereignisse nach einer gewissen Zeit wieder zu ihm zurückkehren. Was er anderen Menschen gibt, erhält er später aus einer unerwarteten Richtung zurück; wenn er hilft, wird ihm selbst – zeitversetzt – in einer ähnlichen Situation ebenfalls einmal dringend benötigte Hilfe zuteil.
Auch in alltäglichen Angelegenheiten ist dieses Prinzip der »unerwarteten Rückkehr« wirksam. Verlorengegangene Gegenstände tauchen unvermutet wieder auf; Bekannte, die er aus den Augen verloren hat, begegnen ihm an Orten wieder, wo er sie am wenigsten vermutet hätte. Aufgrund des Prinzips der »unerwarteten Wiederkehr« ist das Klügste, was Menschen mit dieser Kombination tun können: selbstlos zu geben. Denn was sie geben, wird ihnen in ähnlicher Form zu einem späteren Zeitpunkt zurückgegeben werden – vielleicht von einem Wildfremden, denn das Schicksal geht mitunter verschlungene Pfade.
Indem diese Menschen geben, zugunsten anderer verzichten und anderen Gutes tun, tun sie sich selbst Gutes. Es ist beinahe so, als würden sie durch Selbstlosigkeit eine Art karmisches Pluspunkt-Konto anlegen, das ihre zuverlässigste Versicherung gegen Mißgeschicke und Notlagen darstellt.
Menschen mit dieser Kombination erleben immer wieder kleine Wunder. – Zumindest erscheint es ihnen so, bis sie begreifen, daß die Ursache dieser »Wunder« sie selbst sind, und das Prinzip der »unerwarteten Wiederkehr« wieder einmal an ihnen wirksam geworden ist. Haben sie dies erkannt, so können sie mit einiger Übung sogar kleine

»Wunder auf Bestellung« produzieren, indem sie immer genau das tun, wovon sie hoffen, daß es einmal ihnen getan werden soll.

## *9 – XI – Gerechtigkeit*
## *Die Katalysatorin*

Im Rahmen ihrer Möglichkeiten sorgt sie für Fairneß und Chancengleichheit. Wer ihr sein Herz ausschüttet, kann nicht nur auf Trost, sondern auch auf handfeste Hilfeleistungen rechnen.
Sie hat die sonderbare Gabe, immer im richtigen Augenblick die richtigen Menschen miteinander bekannt zu machen. In solchen Fällen erfüllt sie die Funktion eines Katalysators, der die erste Hälfte einer stabilen Verbindung so lange festhält, bis auch die zweite Hälfte eingetroffen ist, und die beiden Hälften, die einander sonst vielleicht nie begegnet wären, auf diese Weise zueinander finden.
Ihr zweites bemerkenswertes Talent besteht darin, daß ihr häufig das Kunststück gelingt, zerstrittene Menschen wieder miteinander auszusöhnen, indem sie den Streithähnen erklärt, wie dumm und zwecklos das Zerwürfnis für beide Parteien ist.
Die große Anziehungskraft, die die »Katalysatorin« auf andere Menschen ausübt, basiert primär darauf, daß sie ihr inneres Zentrum gefunden hat. Ihre innere Harmonie strahlt gewissermaßen nach außen. Extremismus und Radikalität lehnt sie ab, denn sie weiß, daß jede Art von Fanatismus eine Folge von Schwäche und latenter Menschenfeindlichkeit ist.
Menschen mit dieser Kombination sind immer auf fairen Ausgleich bedacht. Ihre Intelligenz stellen sie in den

Dienst der Harmonie und des Friedens. Als lachende Dritte vom Streit zweier Menschen zu profitieren, brächten sie nicht übers Herz. Lieber verzichten sie auf persönliche Vorteile, als daß sie Zerwürfnisse zwischen anderen Menschen billigend in Kauf nähmen. Man wird sie niemals herablassend oder schadenfroh erleben. Ebensowenig neigen sie dazu, hinter jemandes Rücken schlecht von ihm zu sprechen.

## *9 – XII – Gehängter*
## *Der Demütige*

Im innersten Wesenskern ist er stolz und herrschsüchtig, anmaßend und egozentrisch. Diese Tatsache ist ihm vollkommen bewußt, und sie läßt sich weder mit seinem Gewissen noch mit seinen Idealen vereinbaren. Deshalb hat er den Beschluß gefaßt, sich selbst konsequent zu einem »besseren« Menschen zu machen, sich quasi einer Gehirnwäsche zu unterziehen und ganz gezielt Dinge zu tun, die Demut von ihm verlangen.
Instinktiv sucht er nach Aufgaben, die vollkommene Selbstverleugnung von ihm verlangen. Unbewußt führt er Lebenslagen herbei, die ihn zur Selbsterniedrigung zwingen. Er will mit aller Gewalt seinen Hochmut brechen. Auf eine beinahe selbstquälerische Weise sucht er nach Arbeiten, die für widerlich und unzumutbar gelten, die bei anderen Menschen Ekel, Abscheu und lautstarken Protest auslösen würden. Er möchte sich selbst überwinden; sein Leben lang führt er einen erbitterten Kampf gegen den eigenen Stolz.
Er opfert sich auf, er spielt den Sündenbock, er nimmt fremde Lasten auf sich und ist unermüdlich damit beschäf-

tigt, sich selbst auf subtile Weise zu bestrafen. Was er tut, ist zumeist von hohem moralischen Wert oder gesellschaftlichem Nutzen, und ohne Menschen wie ihn würde in gewissen Bereichen nichts mehr funktionieren. Doch was er tut, ist nicht durch Vernunft oder Nächstenliebe, sondern durch einen tiefen Selbsthaß motiviert. Er will sich erniedrigen, um irgendwann erhöht zu werden; er will der Niedrigste, Verachtetste, Gedemütigtste sein, um später einmal hervorgehoben und belohnt zu werden. Er strebt nicht nach Glück und Zufriedenheit, sondern nach Erniedrigung und Qual.
Menschen mit dieser Kombination sollten nicht versuchen, nach unerreichbaren Idealen zu streben, sondern sich so akzeptieren, wie sie nun einmal sind. – Denn so verdorben und gemein, wie sie zu sein glauben, kann nicht einmal das fürchterlichste Monster sein!

### *9 – XIII – Tod*
### *Der Reformer*

Ständig juckt es ihn in den Fingern, positive Veränderungen herbeizuführen. Aus der Geschichte hat er gelernt, daß notwendige Erneuerungen nicht plötzlich und gewaltsam, sondern nur mit zäher Geduld in einem evolutionären Prozeß herbeigeführt werden können. Sein Fernziel, von dem er weiß, daß es zu seinen eigenen Lebzeiten vielleicht noch gar nicht erreicht werden kann, besteht in einer universalen Brüderlichkeit zwischen allen Menschen. Er selbst möchte seinen individuellen Beitrag dazu leisten, daß alle Menschen gleich, frei und eigenverantwortlich leben und sich entwickeln können. Er ist kein utopistischer

Spinner; sein Handeln ist pragmatisch auf klar definierte Ziele ausgerichtet.
Nie würde er die bequeme Ausrede der Faulen und Gleichgültigen vorschützen, die nur allzugern sagen: »Was kann denn ich als einzelner schon bewirken?« Er weiß: Wer so redet, der ist in Wirklichkeit träge und selbstgerecht. Aus der Tatsache, daß ein einzelner nur wenig bewirken kann, zieht er die logische Schlußfolgerung, daß er sich einer Gruppe, Institution oder Vereinigung anschließen muß. Und wenn es diese schlagkräftige Interessengemeinschaft noch nicht gibt, dann ist er auch bereit, selbst eine Bürgerinitiative, eine Selbsthilfegruppe oder einen Verein zu gründen, denn das Gute braucht eine starke Lobby und eine überzeugende Mehrheit. Diese Mehrheit zu gewinnen, liegt ihm am Herzen. Er ist weder größenwahnsinnig, noch überschätzt er seine eigene Kraft. Doch was er tun kann, das tut er auch.
Menschen mit dieser Kombination können aktive Funktionäre, Helfer oder »Gründungsväter« von Parteien und Verbänden sein. Was sie tun, wirkt immer weit über ihren Tod hinaus.

## *9 – XIV – Alchemie*
## *Der Übersinnliche*

Er hat den »sechsten Sinn«. Seine Träume haben oft präkognitiven Charakter. Immer wieder macht er Déja-vu-Erfahrungen, und spontan werden ihm Eingebungen zuteil, deren Herkunft er sich nicht erklären kann. Ein Mensch mit dieser Kombination, der über ein streng wissenschaftlich-rational geprägtes Weltbild verfügt und nur an das glaubt, was man mit den Augen sehen und den Händen

greifen kann, der alles Unbeweisbare rundheraus ablehnt, selbst solch ein Mensch wird seine »andere Seite« nicht völlig verleugnen können, auch wenn er sie hartnäckig bekämpft oder sie von einem Jünger Freuds quasi »exorzieren« lassen möchte.
Der »Übersinnliche« schwebt ständig in der Gefahr, von anderen Menschen für verrückt gehalten zu werden, wenn er offen über seine Erfahrungen spricht. Deshalb gibt er sich alle Mühe, den »anderen Teil« seines Wesens zu ignorieren. Er sollte sich dennoch bemühen, einen Weg zu finden, der es ihm erlaubt, seine ungewöhnlichen Fähigkeiten in den Dienst anderer Menschen zu stellen, ohne dabei Gefahr zu laufen, sich dem allgemeinen Gespött auszusetzen. Wenn in seinen Träumen beispielsweise eine deutliche Warnung vor bestimmten Dingen auftaucht, kann er logische Argumente suchen, die ebenfalls dafür sprechen, vorsichtig zu sein. Oft leidet er unter seinen Fähigkeiten, beispielsweise, wenn er von Katastrophen träumt oder wenn schlimme Ahnungen ihn plagen und er keine Möglichkeit sieht, Vorsichtsmaßnahmen zu ergreifen. Dann fühlt er sich wie Kassandra.
Doch seine Veranlagung kann ihm im persönlichen Bereich sehr nützlich sein, weil er – der Himmel weiß, woher! – immer irgendwie mehr weiß als die anderen.

## *9 – XV – Teufel*
## *Der Individualist*

Er verfügt über einen bemerkenswerten Sinn für Humor und liebt Vergnügungen der etwas ausgefalleneren Art. Oft möchte er anderen Menschen eine Freude machen, in-

dem er ihnen Dinge schenkt, die ihm selbst ganz ausgezeichnet gefallen, oder indem er sie an Vergnügungen teilhaben läßt, die er selbst für höchst amüsant hält. Damit erzielt er allerdings nicht immer den gewünschten Erfolg. Statt Dankbarkeit und Freude löst er bei den betreffenden Menschen, mit denen er es doch nur gut meinte, eher Befremden aus. Er ist ein ungewöhnlicher Mensch, der sich damit abfinden muß, daß durchschnittliche Menschen ihm nur wenig Verständnis entgegenbringen.
Menschen mit dieser Kombination werden in ihrem Leben einer Vielzahl von »Versuchungen« ausgesetzt, und im Regelfall handeln sie gemäß dem Aphorismus von Oscar Wilde: »Es gibt nur eine Möglichkeit, eine Versuchung loszuwerden: indem man ihr nachgibt.«
Immer wieder fühlt er sich unwiderstehlich von etwas angezogen, was seine Mutter daheim sicherlich schärfstens mißbilligt hätte. Für ihn gilt der Spruch: »Wir sind diejenigen, vor denen uns unsere Eltern immer gewarnt haben.«
Im Alltag erweist er sich als fleißig und zuverlässig. Er ist ebenso kreativ wie intelligent. Menschen mit dieser Kombination werden es nie schaffen, brave Durchschnittsbürger und »Herdentiere« zu sein. Zeitweise empfinden sie den Gegensatz, der zwischen ihnen und dem Herrn »Otto Normalverbraucher« besteht, als unüberbrückbar und schmerzhaft. Auf der anderen Seite aber haben sie viel mehr Spaß am Leben als andere Leute. Sie sind innerlich frei, tolerant, experimentierfreudig, abenteuerlustig und ohne Vorurteile.

## *9 – XVI – Turm*
## *Der Saulus-Paulus*

Früher oder später, meist jedoch schon in jungen Jahren, macht er eine prägende Erfahrung, die ihm die Augen öffnet und seinen Charakter grundlegend verändert. Es kann sich hierbei um eine persönliche Katastrophe, schwere Enttäuschungen, Verluste, um Unfälle oder Schock-Erlebnisse handeln, die sein bisheriges Weltbild erschüttern und ihn zu einem radikalen Neubeginn zwingen.

Diese wichtigen Veränderungsprozesse werden nur in den seltensten Fällen freiwillig vollzogen; zuerst muß das Schicksal umbarmherzig zuschlagen, ehe der »Saulus-Paulus« begreift, daß sein bisheriger Lebensweg in Wahrheit eine Sackgasse war. Viele Menschen mit dieser Kombination müssen »durch die Hölle gehen«, müssen Verzweiflungsqualen durchlitten, Zustände elementarer Angst durchlebt und Erniedrigungen erduldet haben, ehe sie an den Punkt kommen, der im Märchen »Die Bremer Stadtmusikanten« auf die Formel gebracht wird: »Etwas Besseres als den Tod finden wir überall!«

Durch ihre prägenden Erlebnisse gelingt es Menschen mit dieser Kombination, die engen Fesseln ihres Egos zu sprengen und mit ihrem Selbst in Kontakt zu treten. Nach einer Weile begreifen sie den Sinn all dessen, was sie erleiden mußten, und nicht selten sind sie dann von tiefer Dankbarkeit erfüllt. Mit Grausen denken sie dann daran, was für ein sinnloses, oberflächliches Leben sie hätten führen müssen, wenn sie nicht »durch die Hölle« gegangen wären. Sie haben einen hohen Grad an Nächstenliebe und Verständnis entwickelt. Weil sie wissen, wie elend ein Mensch in seelischer Not sich fühlen kann, sind sie verständnisvolle Freunde und Ratgeber.

## *9 – XVII – Stern*
## *Die Magnetische*

Sie ist eine anziehende Persönlichkeit und wirkt auf andere Menschen sehr sympathisch. Gallegelbe Neidlinge setzt sie in Verwunderung, denn es ist gut möglich, daß sie weder besonders schön, reich, gebildet, faszinierend noch auf irgendeine andere Weise bemerkenswert oder überdurchschnittlich ist. Und trotzdem – die meisten Menschen mögen sie auf Anhieb leiden, ohne daß ihnen der Grund dieser spontanen Sympathie bewußt würde. Manche sagen: »Sie hat so etwas.« Aber was ist es? Was hat sie, das andere nicht haben? Es ist nicht zu erklären, es ist einfach da.

Man muß sie einfach liebhaben, man muß sie ins Herz schließen, denn sie ist ein so liebes Wesen, daß nur böswillige, eifersüchtige Menschen sich ihrem natürlichen Charme widersetzen können.

Menschen mit dieser Kombination werden oft (und aus gutem Grund) mit Engeln verglichen. Sie sind gütig und liebevoll, oftmals haben sie eine religiöse Ader, sie sind freundlich allen Menschen gegenüber und zeigen sich spontan hilfsbereit.

In anderen Menschen wecken sie mütterliche Beschützerinstinkte oder Ritterlichkeit. Das Vertrauen, das sie wildfremden Menschen entgegenbringen, wird nur in den seltensten Fällen enttäuscht. Sie werden in ihrem Leben niemals unfreiwillig einsam sein, denn andere Menschen suchen ihre Nähe und fühlen sich in ihrer Gegenwart wohl. Wenn sie in eine andere Stadt oder ein anderes Land umziehen, gelingt es ihnen, in rasantem Tempo viele neue Freunde zu finden.

## *9 – XVIII – Mond*
## *Der Sensible*

Er ist sehr leicht verletzlich und flüchtet gern in schöne Traumwelten. Viele Menschen mit dieser Kombination haben eine freudlose Kindheit gehabt und in einer Familie gelebt, die ihnen Minderwertigkeitsgefühle einimpfte oder sie zu kleinen »Versagern« abstempelte. Daraus erwächst eine Negativ-Erwartungshaltung, die unweigerlich solche Ereignisse herbeiführt, die dem »Sensiblen« seine eigene Unzulänglichkeit immer wieder zu bestätigen scheinen.
In schweren und extremen Fällen kann dies zu einer Flucht in den Alkohol, in die Tablettenabhängigkeit oder sogar ins Rauschgift führen.
Der »Sensible« ist extrem liebebedürftig und braucht ebensoviel Verständnis wie Geduld. Er kann verbittert werden, depressiv oder sogar Selbstmordversuche unternehmen, wenn niemand für ihn da ist, der sich die Mühe macht, ihn liebevoll aufzufangen, wenn er Trost und Hilfe braucht.
Selbstvertrauen aus eigener Kraft zu entwickeln, gelingt ihm nicht. Er braucht viel Lob und Zuspruch, um zu begreifen, daß er kein »Versager« ist, und daß auch er eine bedeutsame Rolle im Leben anderer Menschen spielen kann.
Der »Sensible« verfügt über ein großes kreatives Potential. Es schlummert ein Künstler in ihm, der nur darauf wartet, gezielt gefördert und ermutigt zu werden. Mit einem Minimum an Selbstvertrauen, an Liebe und Geborgenheit, die ihm von anderen Menschen gegeben werden, kann er sich zu einer bemerkenswerten Persönlichkeit entwickeln, die durch ihre Kreativität viel Anerkennung findet.

## *9 – XIX – Sonne*
## *Der edle Spender*

Es macht ihm Spaß, anderen Menschen eine Freude zu bereiten. Gern verschenkt er Dinge, die er selbst gemacht hat und deren eigentlicher Wert darin besteht, daß sie dem Beschenkten beweisen: Man hat an ihn gedacht.
Er ist offenherzig. Was er denkt, das sagt er auch. Er macht aus seinem Herzen keine Mördergrube. Schon seine Mimik spricht Bände. Er kann einfach nicht lügen, er kann sich nicht verstellen oder anderen Menschen etwas vormachen. Man sieht ihm sofort an der Nasenspitze an, in welcher Gemütsverfassung er sich befindet. Seine Kommunikationsbereitschaft ist stark ausgeprägt. Gegen ein kleines Schwätzchen hat er nie etwas einzuwenden. Hierbei kann es jedoch häufig geschehen, daß er sich »verplappert« und über Dinge spricht, die er besser hätte für sich behalten sollen.
Sein eigentlicher Fehler, wenn man es als einen Fehler bezeichnen möchte, besteht in seiner Unfähigkeit, auch einmal ganz entschieden »Nein!« zu sagen und anderen Menschen eine Bitte abzuschlagen. Seine Hilfsbereitschaft kann schamlos ausgenützt werden. Gern teilt er das, was er hat, mit anderen Menschen. Er ist gastfreundlich und läßt sich nicht lumpen. Kleinliche Knauserei und Geiz sind ihm zuwider. Freunde, Verwandte und Bekannte zu beschenken, findet er schöner, als selbst beschenkt zu werden.
Menschen mit dieser Kombination sind herzlich und liebevoll. Sie treiben zugunsten anderer sträflichen Raubbau mit ihren Kräften. So rücksichtslos, wie sie bisweilen mit sich selbst umgehen, würden sie im Leben nicht mit anderen Menschen umspringen!

## *9 – XX – Aeon*
## *Der Neue Mensch*

Er verkörpert das Bild des Menschen, von dem die Philosophen vergangener Zeiten geträumt haben. Durch harte Arbeit an sich selbst, durch Meditation und Selbsterkenntnis wird er sich seines göttlichen Kerns bewußt und bemüht sich, das, was das eigentlich Menschliche am Menschen ist, bewußt im Alltag zu leben. Er weiß, was das ist, was die Inder »Maya« (und die alten Griechen »Lethe«) nennen; er durchschaut den »großen Schwindel« der Individuation, der uns die Trennung voneinander vorgaukelt und die Ursache von Angst, Lieblosigkeit, Egoismus und Hartherzigkeit ist.

In guten Augenblicken ist er in der Lage, die große universale Einheit zu fühlen, die vom winzigsten Atomkern bis zum größten Sonnensystem reicht. Er versteht, was die »Vielheit des Einen« ist, von dem die Sufis sprechen – alle Materie ist Energie, alle Energie ist letztlich Er, der Ursprung, die Quelle, die manche Gott, andere »die erste Ursache« nennen.

Er weiß, woher er kommt und wohin er geht. Dieses Wissen erfüllt ihn mit Freude und Dankbarkeit, und aus diesem Wissen entspringt seine universale Nächstenliebe, die aufrichtig empfunden ist.

Menschen mit dieser Kombination werden nicht als Erkennende geboren, aber sie sind »alte Seelen«, die schon zahlreiche Inkarnationen hinter sich gebracht haben. Sie ähneln einem fast fertig geschliffenen Diamanten, der nur noch eine einzige Facette braucht, um vollkommen zu sein. Manchmal ist es nötig, daß gerade diese Menschen für eine gewisse Zeit tief in Angst und Irrtum befangen sind, ehe sie sich aus eigener Kraft zur Erleuchtung emporarbeiten. Sie beenden mit dieser Inkarnation ihr Karma, und manche von ihnen werden schon zu Lebzeiten als Meister oder Heilige verehrt.

## *9 – XXI – Universum*
## *Der Meister*

Hinter seiner oft bescheidenen bürgerlichen Fassade verbirgt sich ein »Mahatma«, eine große Seele. Er strebt nicht nach Ruhm, Karriere oder Reichtum. Das Leben ist für ihn kein »Kampf ums Dasein«, keine Jagd nach Geld und Einfluß. Wenn er das Nötigste zum Leben hat, ist er dankbar und zufrieden. Zu leben, bedeutet für ihn, »in die Zeit gesprungen« zu sein, um die Chance zu Entwicklung und Vervollkommnung zu nutzen. Er ist bestrebt, seine karmischen Aufgaben gewissenhaft zu erfüllen, auch wenn er sich dadurch zum belächelten Außenseiter macht.

Menschen mit dieser Kombination sind in der Lage, aufrichtige Feindesliebe zu empfinden, denn selbst im gemeinsten, bestialischsten Verbrecher sehen sie den Bruder, der tief in den Irrtum verstrickt ist.

Durch bewußten Verzicht, asketische Übungen und Meditation gewinnt der Meister Souveränität. Über »Sachzwänge« kann er herzlich lachen; sie haben keine Macht über ihn. Er hat keine Angst vor dem Tod, und deshalb hat er auch keine Angst vor dem Leben, denn er weiß, daß er nicht »aus Gott herausfallen« kann. Veränderungen begreift er nicht als Bedrohung, sondern als Chance, neue Erfahrungen zu machen.

Er verfolgt keine egoistischen Ziele, nimmt sich selbst

nicht besonders ernst und strahlt eine heitere Gelassenheit aus. Man kann ihn nie in Panik versetzen, weil er Gott-Vertrauen entwickelt hat und willens ist, sein Karma zu erfüllen, gleichgültig, wie schwer es auch sein mag. Anderen Menschen begegnet er mit Liebe und Verständnis. Man spürt sofort, daß er etwas Besonderes ist und fühlt sich zu ihm hingezogen, auch wenn man sich diese starke Anziehungskraft rational nicht erklären kann.